聚焦三农：农业与农村经济发展系列研究（典藏版）

可持续土地利用总体规划空间决策支持系统研究

——基于县级决策视角的解决方案

胡银根　著

科 学 出 版 社

北 京

内 容 简 介

本书以系统论、信息论和决策论为指导，沿着"研究背景—研究对象—研究动态—系统分析—系统构成—系统实现—系统应用—研究展望"这一技术路线展开研究。在剖析土地利用总体规划决策支持研究趋势的基础上，提出了GIS 与 DSS 系统集成的必然性，并对县级土地利用总体规划空间决策支持系统进行了系统的分析与架构设计，随之对系统构成要素中的信息系统、决策支持系统、数据仓库以及数据的分析与挖掘技术进行了探讨，并以浙江省上虞市为例进行了系统的开发与实证。本书试图为县级土地利用总体规划的民主化和科学化决策提供一个可行的解决方案，为政府决策提供参考。

本书可供地理信息系统、土地资源管理及相关专业的本科生、研究生阅读，也可供从事与 GIS、DSS、土地信息管理有关的技术和管理人员参考。

图书在版编目（CIP）数据

可持续土地利用总体规划空间决策支持系统研究：基于县级决策视角的解决方案/胡银根著. —北京：科学出版社，2012（2017.3 重印）

（聚焦三农：农业与农村经济发展系列研究：典藏版）

ISBN 978-7-03-033106-9

Ⅰ.①可… Ⅱ.①胡… Ⅲ.①土地利用 – 总体规划 – 空间信息系统 – 研究 – 中国②土地利用 – 总体规划 – 决策支持系统 – 研究 – 中国
Ⅳ.①F321.1-39

中国版本图书馆 CIP 数据核字（2011）第 270445 号

丛书策划：林　剑

责任编辑：林　剑／责任校对：林青梅
责任印制：钱玉芬／封面设计：王　浩

科学出版社 出版

北京东黄城根北街 16 号
邮政编码：100717
http://www.sciencep.com

北京京华虎彩印刷有限公司 印刷
科学出版社发行　各地新华书店经销

*

2012 年 1 月第　一　版　开本：B5（720×1000）
2012 年 1 月第一次印刷　印张：12 1/2
2017 年 3 月印　　刷　字数：229 000

定价：**88.00 元**
（如有印装质量问题，我社负责调换）

总　序

农业是国民经济中最重要的产业部门，其经济管理问题错综复杂。农业经济管理学科肩负着研究农业经济管理发展规律并寻求解决方略的责任和使命，在众多的学科中具有相对独立而特殊的作用和地位。

华中农业大学农业经济管理学科是国家重点学科，挂靠在华中农业大学经济管理学院和土地管理学院。长期以来，学科点坚持以学科建设为龙头，以人才培养为根本，以科学研究和服务于农业经济发展为己任，紧紧围绕农民、农业和农村发展中出现的重点、热点和难点问题开展理论与实践研究，21世纪以来，先后承担完成国家自然科学基金项目23项，国家哲学社会科学基金项目23项，产出了一大批优秀的研究成果，获得省部级以上优秀科研成果奖励35项，丰富了我国农业经济理论，并为农业和农村经济发展作出了贡献。

近年来，学科点加大了资源整合力度，进一步凝练了学科方向，集中围绕"农业经济理论与政策"、"农产品贸易与营销"、"土地资源与经济"和"农业产业与农村发展"等研究领域开展了系统和深入的研究，尤其是将农业经济理论与农民、农业和农村实际紧密联系，开展跨学科交叉研究。依托挂靠在经济管理学院和土地管理学院的国家现代农业柑橘产业技术体系产业经济功能研究室、国家现代农业油菜产业技术体系产业经济功能研究室、国家现代农业大宗蔬菜产业技术体系产业经济功能研究室和国家现代农业食用菌产业技术体系产业经济功能研究室等四个国家现代农业产业技术体系产业经济功能研究室，形成了较为稳定的产业经济研究团队和研究特色。

为了更好地总结和展示我们在农业经济管理领域的研究成果，出版了这套农业经济管理国家重点学科《农业与农村经济发展系列研究》丛书。丛书当中既包含宏观经济政策分析的研究，也包含产业、企业、市场和区域等微观层面的研究。其中，一部分是国家自然科学基金和国家哲学社会科学基金项目的结题成果，一部分是区域经济或产业经济发展的研究报告，还有一部分是青年学者的理论探索，每一本著作都倾注了作者的心血。

本丛书的出版，一是希望能为本学科的发展奉献一份绵薄之力；二是希望求教于农业经济管理学科同行，以使本学科的研究更加规范；三是对作者辛勤工作的肯定，同时也是对关心和支持本学科发展的各级领导和同行的感谢。

李崇光

2010 年 4 月

序

实现可持续土地利用总体规划，必须在科学发展观指导下，充分利用信息技术，集成决策支持系统，实行民主化和科学化决策。而县级规划属于中观层次的规划，是落实国家宏观规划、指导村镇微观规划的一个不可或缺的规划层次。该书对县级土地利用总体规划空间决策支持系统进行研究并提出一个科学可行的解决方案，不仅为其他层次规划研究提供方法借鉴，亦可为政府科学决策提供参考。

该书研究的重点在于方法论。在系统论、信息论和决策论的指导下，该书运用系统分析法和对比分析法，注意理论与实证相结合，使方法论达到能真正解决实际问题的目的，从而将传统的土地利用总体规划上升到系统科学决策的高水平。

该书的空间决策支持系统（SDSS）是地理信息系统（GIS）与决策支持系统（DSS）集成的。前者提供了准确、充分的科学数据和可视化信息；后者在科学数据分析的基础上，通过专家系统、公众参与社会化系统的指导，采用预测模型、评价模型、优化模型和实施与监测模型等科学系统制定的规划，克服了规划部门主观臆断、迎合长官意志和脱离群众闭门规划的弊病。

该书的创新之处，首先是将决策支持系统引入到县级土地利用规划中，并将地理信息系统与决策支持系统集成于空间决策支持系统，为实现可持续县级土地利用总体规划提供了科学的解决方案，并通过实例证明该方法是切实可行的，一改过去单一信息系统解决问题的片面性；其次，该书充分运用相关软件及其集成技术，为可持续县级土地利用总体规划提供新的技术方案。

该书条理清晰，逻辑性强，文字简练，图文并茂，是一本很好的学术作品。

韩桐魁

2011 年 8 月

前　言

　　2006 年年底，中国人口为 13.1448 亿，耕地保有量为 1.2173 亿 hm² (18.26 亿亩①)，而人均耕地仅为 0.0926 hm² (1.389 亩)，不足世界人均水平的 1/3，还面临城市化带来农地非农化、生态建设带来的退耕、自然灾害带来耕地损毁等多方面占用耕地的压力，未来人均耕地将进一步减少，粮食安全问题将更加凸显。这一切，使得中国历时 20 年的土地利用总体规划面临前所未有的挑战，表现在六个方面：①由于国家和地方在土地利益上的差异，土地利用规划决策呈现多层次间的矛盾。②随着中国市场经济体制的逐步完善，以前按计划经济规划的模式不再适应社会经济发展要求。③新一轮土地利用总体规划是在用途管制基础上的规划，强化土地用途分区，城乡用地需要一体化规划。④科学发展观的提出，土地生态环境日益受到重视，要求不只以城市化和人口预测作为空间扩展的依据，还应以维护生态服务功能为前提，进行用地空间布局。在土地利用总体规划中，生态用地规划要先行。⑤随着国家增加"地根"这一宏观调控手段，作为土地管理工作"龙头"的规划部门其职能也在逐渐改变——强调优化土地空间布局的同时，如何发挥其宏观调控的职能。⑥规划决策的民主化日益突出，在土地规划人员参与方面，除了政府官员、规划师外，社会公众如何成为参与规划决策和实施的重要力量？曾对社会和经济发展起重要保障作用的规划，现在却面对诸多问题，尤其是半结构及非结构化问题。为保障社会经济可持续发展，协调和平衡耕地尤其是基本农田保有量、建设用地规模以及生态用地总量之间关系，解决"既要吃饭，也要建设，还要环境"三个民生问题，土地利用总体规划必须贯彻科学发展观，在充分利用信息技术基础上，集成决策支持技术，建立土地利用总体规划空间决策支持系统，实行民主化和科学化决策。

　　国家"十一·五"科技支撑计划重点项目"区域土地资源安全保障与调控

---

　　① 1 亩 ≈667m²。

关键技术研究"和重点课题"村镇空间规划与土地利用关键技术研究"分别从宏观和微观两方面启动了土地持续利用决策支持信息系统研究，但从土地利用系统分析，宏观—中观—微观是一个不可分割的体系。所以，中观层次的研究也势在必行。鉴于此，在国家自然科学基金项目和中央高校基本科研业务费专项资金的联合资助下，本书对县级土地利用总体规划决策支持系统进行研究，试图提供一个科学且可行的解决方案，为政府决策提供参考，为其他层次规划研究提供方法。

当今世界信息技术日新月异，且本研究涉及多学科、多领域的知识和技能，囿于作者的能力有限、学识浅陋，书中的错误和不足之处，敬请专家、学者与读者批评指正。

胡银根

2011 年 8 月

目　录

目

录

绪　　论

土地利用总体规划是土地管理的龙头，是落实土地用途管制的重要依据，是实行严格的土地管理制度的一项基本手段。土地利用总体规划可以为全面落实科学发展观，促进经济结构调整和经济增长方式的转变，实现经济社会全面、协调和可持续发展提供重要保障。随着现代科技的进步，研究实现可持续土地利用总体规划的技术和方法，具有重要的理论意义和实用价值。

0.1　研究背景和选题依据

2006 年年底，中国人口为 13.1448 亿，耕地保有量为 1.2173 亿 hm^2（18.26 亿亩），而人均耕地仅为 0.0926 hm^2（1.389 亩），不足世界人均水平的 1/3，还面临城市化带来农地非农化、生态建设带来的退耕、自然灾害带来耕地损毁等多方面占用耕地的压力，未来人均耕地将进一步减少，粮食危机问题将更加凸显。这组数据留给我们一个思考：在经济飞速发展与人口高涨的今天，人地矛盾日趋尖锐，如何兼顾"既要吃饭，也要建设，还要环境"三个民生问题，在耕地尤其是基本农田保有量、建设用地规模以及生态用地总量之间寻求协调和平衡，以实现经济社会可持续发展？为此，在 2006 年 9 月 6 日国务院第 149 次常务会议上，由于到 2010 年 1.2 亿 hm^2（18 亿亩）耕地保有量、基本农田总量和每年 33.3 万 hm^2（500 万亩）建设用地总量三个关键指标未达到要求，国务院否决了国土资源部牵头编制的《全国土地利用总体规划纲要》（以下简称《规划纲要》）。

自 1986 年《中华人民共和国土地管理法》颁布以来，中国土地利用总体规划经过 20 多年的发展，规划体系逐步完善，已形成了国家、省、市、县（市）、乡（镇）五级规划体系，规划的手段和方法也逐渐科学化。然而以下六个方面的问题还亟待解决：①由于国家和地方在土地利益上的差异，土地利用规划决策呈现多层次间的矛盾。②随着中国市场经济体制的逐步完善，以前按计划经济规划的模式不再适应社会经济发展要求。③新一轮土地利用总体规划是在用途管制基础上的规划，强化土地用途分区，城乡用地需要一体化规划。④科学发展观的提出，土地生态环境日益受到重视，要求不只以城市化和人口预测作为空间扩展的依据，还应以维护生态服务功能为前提，进行用地空间布局。在土地利用总体规划中，生态用地规划要先行。⑤随着国家增加"地根"这一宏观调控手段，作为土地管理工作"龙头"的规划部门其职能也在逐渐改变——强调优化土地空间布局的同时，如何发挥其宏观调控的职能。⑥规划决策的民主化日益突出，在土地规划人员参与方面，除了政府官员、规划师外，社会公众如何成为参与规划决策和实施的重要力量？

土地利用规划是一项涉及多学科、多部门与多时序的系统工程。从对象体系上看，土地利用规划包括土地利用总体规划、土地利用详细规划和土地利用专项规划。其中，土地利用总体规划统筹和指导其他规划，是土地利用规划的核心。根据中国的行政区划体系，土地利用总体规划可以划分为全国、省（自治区、直辖市）、市（地、州）、县（市）和乡（镇）五级体系。其中，全国、省（自治区、直辖市）、市（地、州）级土地利用总体规划属于宏观层次规划，强调土地作为重要资源的宏观调控功能；乡（镇）级规划属于微观层次规划，将宏观层次规划与中观层次规划指标落实到地块，注重规划的实施性和操作性。而县级规划属于中观层次规划，旨在落实宏观层次规划，指导微观层次规划的制定，是土地利用总体规划体系中不可或缺的枢纽性规划层次。县级规划的主要任务是按照上级土地总体规划的控制指标和布局要求，划分土地利用区，明确各土地利用区的土地用途和使用条件。其主要工作内容是：①完成土地适宜性评价、土地生产潜力等级与土地质量等级划分和图形编制；②实施土地用途管制措施，实行土地利用总体规划的实施和管理；③反馈土地利用动态变化信息，实行土地利用总体规划实施的跟踪监测。

土地利用总体规划不仅要研究土地的自然属性，还要研究土地的生态、社会与经济等属性，而包含这些属性的规划需要考虑人为的、主观的因素的作用，即半结构及非结构化问题。且随着信息技术尤其是多"S"技术、网络技术和数据库技术的发展，土地利用总体规划的信息系统建设也在全国迅速展开，土地利用利用总体规划对保障社会和经济发展作用更加显著。但是，单靠信息管理系统无法有效地解决上述半结构及非结构化问题。众所周知，信息系统的最终目的是为决策人员提供强有力的决策支持功能。所以，在土地利用总体规划相关系统的建设中，决策支持系统是必不可少的组成部分（张颖等，2004）。要真正实现可持续土地利用总体规划，就必须落实科学发展观，在现代信息技术的基础上，集成决策支持系统，依托专家知识库及推理功能，建立土地利用总体规划空间决策支持系统。已有的研究表明：①将 GIS 与 DSS 相结合的土地利用总体规划空间决策支持系统，是未来解决土地利用总体规划的发展方向。②决策支持系统经历了三库系统、四库系统和五库系统，正朝着群决策、分布式决策到智能化决策；从基于数据库的决策，向着基于主题的数据仓库乃至数据挖掘的纵深方向延伸。③随着科学发展观的提出，可持续土地利用规划成为必然趋势。与此相对应，目前中国土地利用规划决策支持也呈现出以下新趋势：土地利用规划决策的宏观、中观与微观决策多层次性分工协作；决策的弹性与刚性有机统一；决策支持的区域由单一区域向城乡一体化综合区域发展；规划决策的程序也从体现了"逆动性"——从基本农田的保护规划到生态的湿地保护规划，再到一般用地规划；规划决策支持的功能不仅体现了资源优化配置，还要体现国家的宏观调控功能；决策的主体不仅有官员、规划师，还要广大公众参与，实行群决策；GIS 与 DSS 系统相集成进行决策更加增加了规划的科学性。

　　国家有关部委在近期启动了相关研究。例如，国家"十一五"科技支撑计划重点项目"区域土地资源安全保障与调控关键技术研究"，就将"土地利用规划的决策支持系统"作为四个重要内容之一。其目标是："开发从问题分析诊断、数据采集、指标预测与分解、土地利用结构与布局调整、方案对比评估到规划实施与监控一体化决策支持系统，实现土地利用数字规划"，以适应新时期土地利用规划模式转变的需要。以此同时，国家"十一五"规划重点课题"村镇空间规划与土地利用关键技术研究"，也提出了研究村镇土地持续利用决策综合技术，开发村镇土地持续利用决策支持信息系统，为县国土部门编制村镇土地利用规划提供技术支撑的目标。总之，从土地利用总体规划角度看，国家已经从宏观层次和微观层次两方面启动了土地持续利用决策支持信息系统研究，但中观层次的研究尚未启动。宏观层次—中观层次—微观层次是土地利用总体规划不可分割的完整体系，中观层次——县级土地利用总体规划决策支持系统的研究也势在必行。

　　通过以上分析可知，中观层次——县级土地利用总体规划的空间决策支持系统的理论、方法与技术，是土地利用总体规划领域亟待开展研究领域。为此，我选择县级土地利用总体规划空间决策支持系统（spatial decision support system for comprehensive land use planning，CLUPSDSS）作为研究课题，开展研究。本书研究对象如图 0-1 所示。

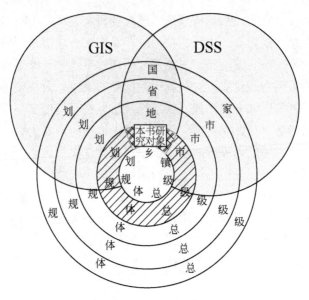

图 0-1　本书的研究对象

0.2　研究目标与主要研究内容

本书的研究目标不是开发一个系统，形成一个软件产品，而是通过系统分析和研究，为可持续县级土地利用总体规划提供切实可行的解决方案，为政府科学决策提供参考，同时为进一步从事土地利用总体规划宏观和微观层次的研究提供技术和方法借鉴。

本书的主要内容涉及以下几个方面：

0.2.1　系统分析

在探讨地理信息系统（geography information system，GIS）与决策支持系统（decision support system，DSS）集成的必要性与可行性的基础上，进行了土地利用总体规划的业务需求和功能需求分析，表明地理信息系统与决策支持系统有机集成的空间决策支持系统是解决土地利用总体规划问题的必由之路；提出土地利用总体规划空间决策支持系统的设计应该遵循数据共享、支持科学决策、信息社会化服务、信息安全化等原则；针对土地利用总体规划决策支持系统的开发模式，本书依据土地利用总体规划业务需求和地理信息系统二次开发的实际，将系统中由 MATLAB7、MATCOM4.5 等程序编写的 DSS 模型库组件、专家知识库和相关文献库等嵌套到 MapGIS6.7 的平台上，将 Microsoft SQL Server 2005 作为其后台数据库和数据仓库，DSS 中的数据挖掘采用 SPSS 公司的可视化挖掘产品 Clementine 作为分析和挖掘工具，DSS 组件之间与 GIS 组件之间主要采取动态链接的方式集成。

0.2.2 系统构成

土地利用总体规划空间决策支持系统是地理信息系统（GIS）与决策支持系统（DSS）集成的系统。本书分别围绕地理信息系统（GIS）与决策支持系统（DSS）的构成进行研究。

土地利用总体规划的地理信息系统（GIS）是实现空间数据收集、传递、储存、加工、维护和使用的系统，其构成采用用户界面层、业务逻辑层（中间层）、数据服务层等三层结构。同时，为了落实科学发展观，实现可持续规划的目标，规划的公众参与成为土地利用规划必不可少的重要环节，对 WEB-GIS 技术的群决策信息技术进行了深入研究，设计了帮助公众参与土地利用规划群决策方案。

而土地利用总体规划的决策支持系统从决策支持模型库与专家知识库、辅助决策的数据仓库、数据分析与挖掘三部分进行研究。

土地利用总体规划的决策支持模型共分四类，主要包括：①预测模型，即人口预测、农用地预测、建设用地预测与生态用地预测；②评价模型，即土地适宜性评价、土地节约与集约利用评价、土地利用规划实施后评价、土地利用规划的环境影响评价等；③优化模型，即用地结构优化与土地利用规划方案的优化；④实施与监测模型，即利用卫星遥感技术，通过内业对规划实施不同时期影像进行处理、外业实地核实和与土地利用总体规划图对比分析相结合，重点对规划区建设用地扩展规模和农地非法非农化进行监测；由于这些模型的选择离不开专家系统和知识系统，所以对知识库与专家系统在其中所起的作用进行了讨论；最后选择了 MATLAB7、MATCOM4.5 及其组件作为土地利用总体规划决策支持模型的建模工具。

数据仓库技术是辅助决策支持的主要方式。在介绍数据仓库、空间数据仓库与数据仓库系统的基础上，本书对数据仓库的体系结构与功能进行了研究，探讨了数据仓库的三级建模方法，即概念数据模型、逻辑数据模型和物理数据模型。为了验证土地利用总体规划数据仓库设计方法的可行性，本书对土地利用总体规划数据仓库中所涉及的事实表和维度表进行了探讨，并运用 Microsoft SQL Scrver 2005 作为数据库和数据仓库，以研究区域中一农用地利用为例，对土地利用事实表、土地自然环境维、经济维、空间维等，对数据仓库创建全过程进行了示例，表明了土地利用总体规划中运用数据仓库技术的可行性。

尽管目前数据库可以实现数据的录入、查询与统计等功能，但无法发现数据中存在的关系和规则，导致"数据爆炸但知识贫乏"现象，需要数据分析与挖掘技术，提高土地利用总体规划决策的科学性。在土地利用总体规划中，如何进行数据的分析与挖掘？论文在系统介绍数据挖掘的模型和方法的基础上，对数据挖掘的流程进行了分析，探讨了国内外数据挖掘的工具的优缺点及其应用条件，最终选择了第三代数据挖掘软件 SPSS Clementine 作为数据分析与挖掘工具，并且以 Microsoft SQL Server 2005 后台数据库，将 Analysis Services 与 SPSS Clementine 相结合，高效地完成数据的分析和挖掘，为土地利用总体规划的数据处理、分析与挖掘提供了一套完整的解决方案。

0.2.3 系统开发

为了验证解决方案的可行性，本书对县级土地总体规划空间决策支持系统进行了初步设计和开发，选择 MapGIS6.7 桌面、组件及其开发包作为空间信息分析平台，实现土地利用总体规划空间信息的获取、分析、存储；借助MATLAB7、MATCOM4.5 强大的数学运算和建模功能作为土地利用总体规划决策支持模型工具，且将 MATLAB 的 m 文件（MATLAB 执行文件）转化为组件（DLL）或可执行文件（EXE），借助 VC^{++} 或 VB 等编程工具，将决策支持模型成功地嵌入到 GIS 中，实现空间数据与属性数据的无缝集成。同时，设计了基于 WEBGIS 的公众参与规划方式，为实现规划群决策提供技术支持。

0.2.4 系统应用

本书以浙江上虞市的土地利用总体规划为例，对系统中设计和开发的决策支持模型、空间决策支持分析和 WEBGIS 群决策三个功能模块进行了实证。

0.2.5 研究展望

本研究仅围绕中观视角——县级土地利用总体规划提出了解决方案，要真正实现土地利用总体规划空间决策支持功能，还需要进一步开发系统，完善其功能。同时，土地利用总体规划未来决策还需要解决两个问题：一是宏观层次规划、中观层次规划和微观层次规划需要一体化决策；二是要对健全和完善规划的相关决策制度提出建议。

0.3 研究技术路线与方法

0.3.1 技术路线

本书研究采用了系统分析法、对比分析法、理论与实证结合的方法，其研究内容包括"系统分析—系统构成—系统开发—系统应用"等几个部分，流程如图 0-2 所示。

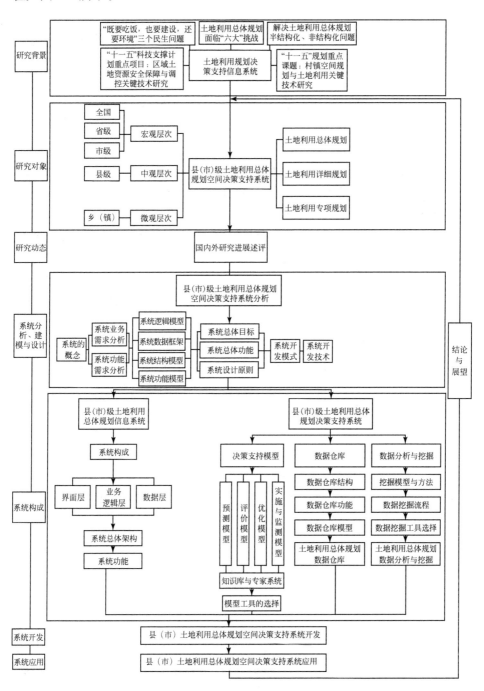

图 0-2　本研究的技术路线图

0.3.2 研究方法

（1）系统分析法

首先土地利用总体规划是一个开放的、复杂的巨系统，必须采用系统论的分析方法，考虑到土地利用规划的主体、客体和系统的内部及外部的各种相关关系。其次，土地利用规划空间决策支持系统涉及管理信息系统、决策支持系统、决策支持的模型系统与数据仓库系统等多个系统，需要进行系统的分析，才能进行系统的有机集成，以达到为决策者辅助决策的目标。

（2）对比分析法

由于土地利用规划管理信息系统是土地资源管理信息系统的重要组成部分，是国土信息化的重要标志，是土地管理及其他相关工作的重要依据。近年来，随着土地利用规划的"龙头"地位的不断提升，土地信息系统尤其是土地利用总体规划信息系统日益成为中外学者研究的热点和重点，但是这些信息系统的 GIS 平台选择多元化、数据库软件选择多样化、系统结构差异化造成系统的开放性与扩展能力和系统的支持能力等方面存在一定的问题。本书采用对比分析，吸收各自优点，摒弃缺陷，可为土地利用总体规划空间决策支持系统的设计提供优先方案。

（3）理论与实证结合法

本书在进行土地利用总体规划空间决策支持系统理论方面探索的同时，还注重理论与实际相结合，验证方案的可行性与系统的适用性。

一方面，论文在探讨理论指导解决方案的同时，也进行了实证。如在数据库、数据仓库设计与数据的分析和挖掘时，都是结合土地利用总体规划中的实际问题进行示例和说明的。

另一方面，为了系统的实用性，笔者专程到有关单位和部门征询土地利用总体规划专家、领导和地方公众的意见，并到实例区就系统需求调研，从而增强系统的可操作性，真正提供一个解决实际问题的可行方案。

0.4 主要创新点

本书在以下方面有所创新：

0.4.1 研究方法创新

本书尝试性地引入决策支持系统，并将地理信息系统（GIS）与决策支持系统（DSS）集成为空间决策支持系统，为实现可持续县级土地利用总体规划提供解决方案。研究表明，这一方法不仅切实可行，还可弥补过去单一信息系统解决问题的局限性，为解决土地利用总体规划中的半结构化和非结构化问题提供了新的解决方法。

0.4.2 研究技术创新

本书充分运用相关软件及其集成技术，为可持续县级土地利用总体规划空间决策提供新的技术方案。

1）借鉴 WHATIF 思想和公众参与规划理论，设计了公众参与规划的信息系统总体架构，并对基于 WEBGIS 的系统和网络进行了详细设计，为公众参与土地利用总体规划提供新途径。

2）通过组件技术，将 MATLAB7 及其附件 MATCOM4.5 组成的决策支持模型系统、专家库和知识库系统嵌入信息系统 MapGIS6.7 组件平台，为实现土地利用总体规划空间决策支持提供新技术。

3）将 Microsoft SQL Server 2005 作为数据库和数据仓库工具，将 Analysis Services 与数据分析和挖掘工具软件 Clementine 集成，为土地利用总体规划辅助决策提供新方案。

0.5 本章小结

本章阐述了本书的研究背景和选题依据、研究目标与主要研究内容、研究技术路线和研究方法，以及主要创新点。

在中国经济增长与人口高涨的今天，人地矛盾日益尖锐，为了实现经济社会可持续发展，兼顾"既要吃饭，也要建设，还要环境"三个民生问题，寻求基本农田保有量、建设用地规模以及生态用地总量协调和平衡，必须对有限的土地资源进行科学规划、民主决策、地根调控，实施可持续土地利用总体规划，根本措施是研究土地利用总体规划空间决策支持系统。

国家于近期启动了宏观层次和微观层次的规划决策支持系统。考虑到中观层次——县（市级）规划是宏观层次规划的落实，是微观层次规划的指导，是土地利用规划中不可或缺的一级规划，其决策支持系统的研究势在必行，本书选择了县级土地利用总体规划空间决策支持系统作为研究对象，并循着"系统分析—系统构成—系统开发—系统应用"的工作流程，采用系统分析法、对比分析法、理论与实证结合法等展开研究，将决策支持系统及其相关方法引入土地利用总体规划中，着重研究系统间集成，探索县级土地利用总体规划的解决方案。

第1章
国内外相关研究进展与述评

　　随着信息技术的快速发展，尤其是将"3S"技术及数学模型方法引入到土地利用规划中，极大地提高了土地利用规划的科学性、工作效率和精确度；但规划的过程是资源优化配置的过程，是科学决策的过程，还需要决策支持技术的发展。因此，了解国内外信息技术和决策支持技术前沿理论、观点、方法和成果，对研究县级土地利用总体规划空间决策支持系统有重要借鉴作用。

1.1　中外土地利用总体规划信息化研究进展及其述评

1.1.1　土地利用总体规划概述

　　土地利用总体规划是各级人民政府为实现土地资源优化配置，保障经济社会的可持续发展，在一定区域和时期内，根据土地资源利用状况、开发潜力和各业用地需求，对城乡土地利用所作的统筹安排和综合部署，是国家调控土地利用的重要措施之一。

　　土地利用总体规划是一项多学科、多部门、多时序的系统工程。不同的学者从各自的研究领域提出了不同的含义。如刘树臣（1998）等地学研究的学者强调的是土地（土壤）的质量，以土地质量为基础，提出土地评价与规划方法。刘树臣认为，要发展土地利用地质学，加强地质科学在土地利用规划中的应用。而张惠远和王仰麟（2000）等地理学和景观生态学者则以土地景观为基础，提出景观评价和规划方法。他们提出，区域空间格局的生态优化是以往土地利用优化配置中的薄弱环节。所以，景观生态学的发展与完善为土地利用规划提供了一个全新的研究视角，它着重强调景观生态要素之间的相互作用及各种景观生态系统的适应性特征。而王万茂和张颖（2003）等土地管理方面的专家则从经济学和管理学的理论角度出发，提出土地资源合理配置和最优化的方法。他们认为，土地利用总体规划的内容主要包括土地供需的综合平衡、土地利用结构的优化、土地利用宏观布局和土地利用微观设计四个方面，土地利用规划方法有综合法、土宜法和模型法。王正兴（1998）则从社会学和政策学的理论角度出发，提出参与式土地利用规划的方法，认为传统的"自上而下"的土地利用规划方法忽略了基层土地用户的愿望，致使实施时困难重重，效果不佳。而土地利用总体规划是社会各利益团体妥协的结果，其出发点是协调个体和群体的利益冲突，既考虑代表全社会利益的政府规划，又在具体规划中重视土地用户的切身利益。

完善的土地利用规划体系是合理利用土地、科学管理土地的基础，以达到实现土地资源合理利用，取得土地利用的最佳经济效益、社会效益和生态效益的目的。新修订后的《中华人民共和国土地管理法》（以下简称《土地管理法》）和《中华人民共和国土地管理法实施条例》（以下简称《土地管理法实施条例》）都明确指出了土地利用总体规划的龙头作用，凸显了土地利用总体规划在土地管理工作中的地位和作用。根据法律规定，土地利用计划编制、建设项目用地预审、农用地转用和土地征用审批、基本农田保护区划定和管理、土地开发整理、土地执法检查等，都必须依据土地利用总体规划，且规划的实施涉及土地管理工作的各个方面。因此，国家依靠土地利用总体规划进行用途管制和宏观调控显得更加重要。为了促进土地利用总体规划的科学化，提高用地规划审查业务的工作效率，规范土地利用规划管理，就必须改变常规的手工操作方式，采用现代信息技术手段，实现土地利用总体规划信息化。

1.1.2 土地利用总体规划信息化研究

中国各级规划最终需要提交规划文本、规划图件和规划指标等成果数据资料。但由于传统的土地利用总体规划是在纸质地图上进行的，规划数据信息化程度和整体水平不高，距新形势下的土地利用规划管理要求还有一定差距。主要表现在：①规划管理信息的数字化程度不高，相当一部分信息还处于纸质状态，数据利用效率较低；②由于信息的加工、处理、查询等环节的技术水平低，形成了数据孤立和分散现象严重，导致数据共享困难，规划信息难以得到有效运用；③土地利用管理工作的龙头是土地利用总体规划，而目前土地利用规划信息与其他土地管理相关信息难以有机融合，导致规划的指导作用难以充分发挥；④由于信息技术、网络技术和多媒体技术的应用和普及程度不高，加上传统的数据管理、存储方式和数据支持手段，使信息的来源缺乏实时性和精确性，这在很大程度上影响了规划的科学管理与决策，也限制了其有效实施。

随着社会经济的快速发展，这一方式已不能满足土地利用总体规划的现时性要求，无法体现土地利用总体规划对土地管理工作的指导作用（徐彬和韦玉春，2006）。只有规划信息化工作取得了进步，土地管理信息化才有可能实现。因此，实现规划管理信息化，提高土地利用规划管理的整体水平，是当前土地利用总体规划工作的核心，也是国土资源信息化的客观要求。

世界上第一台计算机出现于1945年，而加拿大1968年就已经运用计算机软、硬件开始了在地球科学中的应用研究，并于1971年提出了以土地数据处理为主要内容的地理信息系统。且在经过不到半个世纪的研究，以地理信息系统（GIS）、全球定位系统（GPS）、遥感（RS）（以下简称"3S"技术）为主的地理信息技术取得了突飞猛进的发展，并在国民经济各领域得到了广泛的应用。尤其是将"3S"技术及数学模型方法引入到土地利用规划中，极大地提高了土地利用规划的科学性、工作效率和精确度。

目前，在全球地理信息技术发展的推动下，中国"3S"技术已经广泛应用于土地适宜性评价、土地利用现状变更调查、土地利用动态监测、土地利用规划动态管理和信息系统建设等方面，并将"3S"一体化技术运用于土地利用总体规划，这表明土地利用规划信息化有了良好开局。

1.1.3 土地利用总体规划信息系统研究

近年来，随着科学发展观的提出，国家将"银根"和"地根"作为宏观调控的重要闸门，土地利用规划的"龙头"地位更加凸显。由于土地利用总体规划信息化是土地管理信息系统的重要组成部分，是国土资源业务信息化的重要标志，是其他土地工作的重要依据，所以土地利用总体规划信息系统的研究日益成为中外学者研究的热点。

1.1.3.1 国内外理论研究

就国外研究而言，土地利用总体规划信息系统已经覆盖到城乡各区域（师学义，2006）。如美国的威斯康星州 Dane 县所建的土地信息系统（Verfura，1998）；德国应用 GIS 技术分析农场管理、土地规划中争地矛盾和保护土地，以及公共事业的大工程对土地需求计算（Stark，1993）；英国 Strathclde 大学和苏格兰资源利用研究所的斯莱瑟教授等提出了"提高人口承载力各择方案的 ECCO 模型"（Steiner and Vanlie，2003；Bellamy，1995）在澳大利亚北部通过数据库决策支持系统（DSS）评价草地资源规划的合理性，以及 Capalbo 等（1993）采用数学模拟的方法评价美国蒙大拿州旱地资源的规划问题。

国内学者在这方面研究也取得了显著成效。有些学者从地理信息系统和遥感等自然科学技术的理论角度出发，提出土地利用总体规划信息系统的方法，如陈奇等（1999）进行了土地利用总体规划管理信息系统研究，这方面已经有不少学者进行了相关文献综述（师学义，2006）。

值得一提的是，一批博士学位论文选题纷纷涉及这一领域，并进行了系统研究。王建弟和王人潮（2001）以浙江省瑞安市为例对县级土地利用管理决策支持系统（CLUMDSS）开发与应用进行了研究；韩琼（2003）从土地管理系统出发对土地管理信息化方案与策略进行了研究；师学义（2006）基于GIS的县级土地利用规划理论与方法研究。这些研究对土地利用规划信息化建设起到了很大的推动作用。同时，还有些学者通过专著等探讨土地规划系统建设问题。如严泰来编著的《土地信息系统》、王人潮编著的《农业资源信息系统》、刘耀林等编著的教材《土地信息系统》等都系统地探讨了土地利用规划信息系统的开发和建设问题。

由此可知，运用现代信息技术，实现土地利用总体规划的科学化是中外学者共同关注的问题。

1.1.3.2　土地利用总体规划信息系统规范研究

推动土地利用总体规划信息系统建设，充分利用土地总体规划数据、专题数据与土地利用现状数据等数据集合，更好采用多种分析手段，辅助总体规划编制或修编，实现土地规划与用地业务有机的结合，形成一体化的政务信息管理，需要依靠土地利用总体规划信息系统规范建设；同时，在"统一管理、统筹安排"的思想指导下，实现国家、省、市、县、乡镇政务信息管理系统的链接，以及与其他土地业务系统之间的衔接，满足数据交换的要求，实现数据共享，也必须依靠土地利用总体规划信息系统规范建设。2002年国土资源部发布了《国土资源部办公厅关于开展土地利用规划管理信息系统建设工作的通知》（国土资厅发〔2002〕72号），并于2002年6月颁布了《县（市）级土地利用规划管理信息系统建设指南》（试行）和《县（市）级土地利用规划数据库建设标准》。另外，根据《国土资源信息化"十五"规划和2010年远景目标（纲要）》和《关于开展土地利用规划管理信息系统建设工作的通知》（国土资厅发〔2002〕72号）的部署，结合《省级土地利用规划数据库建设要求》，国土资源部还出台了《省级土地利用规划数据库建设检查验收办法》，指导和规范土地利用规划管理信息系统的建设。

1.1.3.3 土地利用总体规划信息系统研究

（1）GIS平台选择多元化

目前，在中国土地利用总体规划系统中，基于的GIS平台主要有：ArcGIS、MapInfo、GeoMedia、MapGIS、Geostar、Supermap、Geoview等及其二次开发的产品。其中，除ArcGIS、MapInfo、GeoMedia为国外平台外，大多数已经实现国产化。这些平台及其基二次开发的规划信息系统大都已经具备了规划辅助编制、规划调整、规划成果管理、规划实施管理、专题分析与查询等功能。

（2）土地利用规划数据库软件选择多样化

现有土地利用规划数据库多为流行的商用数据库平台，如Oracle、SQL Server、Sybase、DB2等，这些数据库可以运行在多种操作系统平台上，既可以搭建同类型数据库之间的多节点集群，也可以搭建异构数据库和异构操作系统的分布式集群，且使用了空间数据库引擎，如ArcGIS的SDE、MapGIS的SDE、Supermap的SDX，实现了空间数据和属性数据一体化管理，跨操作系统平台的发展，能够在更多操作系统（包括Windows、Linux、Unix等）上提供空间数据访问和管理的能力。

（3）土地利用规划信息系统结构差异化

从目前的发展态势看，有三层结构、组件化、分布式空间数据库存储与管理、C/S结构、B/S结构等许多先进的技术和方法已经被广泛应用于不同信息系统和数据库软件的开发与研制中。

1.1.4 土地利用总体规划信息化建设中的问题

虽然全国各地纷纷在进行土地利用总体规划信息系统建设，目前规划信息系统仍存在着一些问题，主要表现在以下几个方面：

1.1.4.1 系统功能方面

根据土地利用总体规划管理的要求，土地规划信息系统除基本功能（数据输入、数据处理功能和数据输出）、规划辅助编制功能、规划调整功能、规划成果管理功能、规划实施管理功能、专题分析与查询功能、系统维护功能外，还应该提供公众参与决策和规划信息服务的功能。

1.1.4.2 数据组织方面

土地利用总体规划中涉及的数据类型多且数据量大，包括描述土地资源空间分布的空间数据、描述土地资源特征的属性数据、文档数据以及社会经济特征数据等。没有一个好的、设计合理的数据组织结构，是不可能有效管理这些数据的。这就直接涉及基础 GIS 平台的选择问题。

目前，国内现有的一些土地规划信息系统，在系统设计时，并没有对 GIS 平台作全面的考察及综合权衡，在系统底层已经造成了致命的缺陷。例如，在基于文件夹组织的 GIS 平台中，如在多用户操作环境中，数据安全性无法严格保证；在数据检索过程中，基于文件的数据组织方式的检索效率也将远不如关系数据库的检索效率。合理建模方式要求的是分布式主题数据库，即点源属性与空间数据库的方式。其特点不是以功能处理为核心，而是以数据管理为核心；统一概念模型和数据模型，实行术语、代码、图式和图例标准化；兼顾行业的当前需求与未来需求，通过缜密的系统分析和系统设计来形成与基层多种业务主题相关联的分布式点源主题数据库，进而通过网络发展成为国土资源信息管理系统（吴冲龙和刘刚，2002）。同时，要建立数据分析和资源预测、评价的模型库、方法库，甚至要考虑构建数据集市、数据仓库，发现数据中存在的关系和规则，根据现有的数据预测未来的发展趋势，挖掘数据背后隐藏的知识，减少"数据爆炸但知识贫乏"现象（邵国晨，2005）。还要开发复杂的野外数据采集系统。也就是说，应当采用多"S"（DBS、GIS、RS、GPS 和 ES 等）结合与集成技术，使之成为一种以分布式主题数据库为核心的综合技术系统（吴冲龙，1998）。

1.1.4.3 土地信息历史档案管理方面

土地信息历史档案的管理对土地规划者和使用者都极其重要，它使规划者和使用者对土地利用的历史情况和现状能够有一个全面的了解。因此，土地信息历史档案的管理成功与否是衡量土地规划系统质量的另一个重要标准。现有的一些土地规划系统对土地信息历史档案管理存在一些问题，有的甚至是没有此项功能。一个设计良好的土地规划系统，应该能提供强大的历史查询功能，可将任意时刻的数据作为历史存储供查询。

1.1.4.4 系统的开放性和扩展能力方面

系统的开放性和扩展能力是任何一个系统所必须具备的，也是衡量土地规划信息系统好坏的标准之一。就开放性而言，目前中国土地规划是从上到下、层层划分、分片负责的体系，每一级除了组织和管理好本辖区的土地信息外，还要与上下级进行数据交换（如上传年度报表等），因各地选择的 GIS 平台可能不尽相同，系统如果不具备良好的开放性和数据兼容能力，就不可能实现数据交换；系统的扩展能力对系统也是极其重要的，处理新的数据源、增加新的功能、增加新的报表格式等都需要对系统功能进行进一步扩展。但现有的有些土地规划信息系统这一功能还未完全满足要求。

1.1.4.5　系统的空间决策支持能力方面

在市场经济条件下，土地利用总体规划是一个动态行为（严金明，2001）。一方面，土地领域规划要进行多阶段的动态决策，处理包含随着时间和空间的变化而变化的信息；另一方面，土地利用规划是带有反馈性质的决策行为，含有一种从"目标体系—界定问题—方案选择—实施反馈"的决策秩序。显然，土地利用规划信息系统是具有一定空间决策支持能力的信息系统。但现有的系统有些空间分析能力强（图1-1至图1-5），但缺乏决策分析模型，决策支持能力较弱；有些系统（图1-6）有较系统的支持模型，具备一定的决策支持能力，但空间分析能力差。

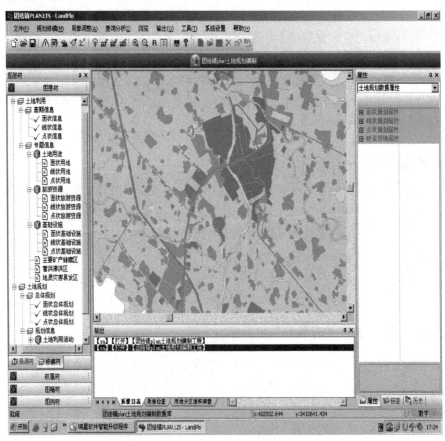

图 1-1　MapGIS 土地利用规划管理信息系统

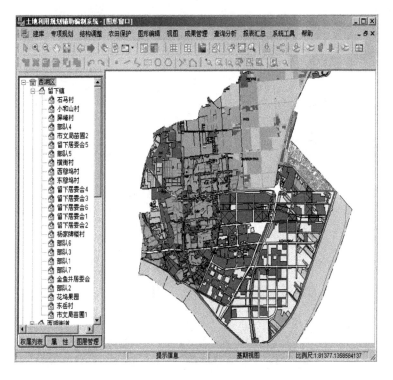

图1-2　杰思科土地利用规划管理信息系统（Supermap）

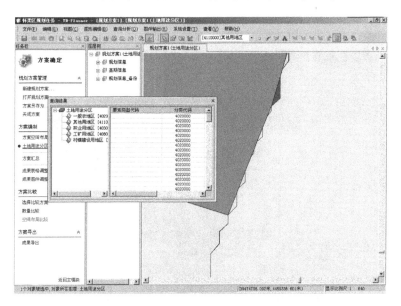

图1-3　中国土地勘测规划院——吉威数源土地利用总体规划编制辅助系统

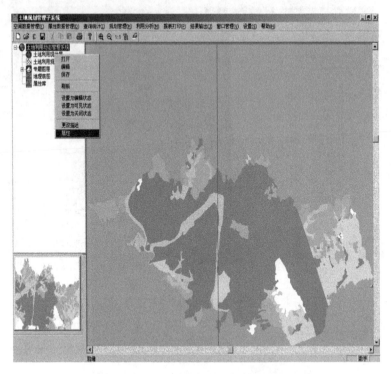

图 1-4 中国地质大学数字国土研究所土地规划管理信息系统

图 1-5 武汉大学资源环境学院土地规划信息系统

图 1-6　张伟和顾朝林开发的规划模型系统 UMS

1.2　中外决策支持系统研究进展及其述评

科学决策是各项工作成功的重要前提。科学决策与经验决策相比，有四个特点：①有科学的决策体制（一般包括信息系统、咨询系统、决断系统、执行系统、监督反馈系统）和运行机制（包括决策的预警机制、沟通机制、公众和专家参与机制、制约机制等）；②遵循科学的决策程序；③特别重视"智囊团"的参谋咨询作用；④运用现代科学技术和科学方法（唐琦玉，2003）。为此，科学的决策需要做到几个转型，即少数人决策向公众民主决策转变；经验决策向科学决策转变；简单决策向复杂决策转变；静态、封闭决策向动态、开放决策转变；定性决策向定性、定量相结合决策转变；微观战术决策向宏观战略决策转变（唐琦玉，2003）。总之，科学的决策正向着科学化、民主化、智能化和程序化方向迈进。土地利用总体规划的决策也不例外。

1.2.1 决策支持系统

决策支持系统（decision support system，DSS），是以管理学、运筹学、系统工程学、控制论和行为科学为基础，以计算机技术、仿真技术和信息技术为手段，针对半结构化的决策或非结构化决策问题，通过数据、模型与知识，以人机交互方式支持决策活动的、具有智能作用的人机系统。它是在管理信息系统（management information system，MIS）的基础上，增加了非结构化问题处理和模型计算，能够为决策者提供所需要的数据、信息和背景材料，帮助明确决策目标和进行问题识别、建立和修改决策模型，模拟决策过程和方案的环境，调用各种信息资源和分析工具，提供各种备选方案，并对各种方案进行评价和优选，通过人机交互功能进行分析、比较和判断，为解决结构化、非结构化和半结构化的问题提供更广泛的方法。

（1）决策支持系统的特点

①系统的使用面向决策者，在运用 DSS 的过程中，参与者都是决策者；②系统解决的问题是针对半结构化的决策问题，模型和方法的使用是确定的，但是决策者对问题的理解存在差异，系统的使用有特定的环境，问题的条件也不确定和不唯一，这使得决策结果具有不确定性；③系统强调的是支持的概念，帮助加强决策者作出科学决策的能力；④系统的驱动力来自模型和用户，人是系统运行的发起者，模型是系统完成各环节转换的核心；⑤系统运行强调交互式的处理方式，一个问题的决策要经过反复的、大量的、经常的人机对话，人的因素如偏好、主观判断、能力、经验、价值观等对系统的决策结果有重要的影响；⑥DSS 是辅助管理者对半结构化问题的决策过程进行支持而不是代替管理者的判断，提高决策的有效性（effectiveness）而不是效率（efficiency）的计算机应用系统（高洪深，2000；黄梯云，2001）。

（2）决策支持系统的结构与构成

DSS 部件之间的关系构成了 DSS 的系统结构，系统的功能主要是由系统结构决定，具有不同功能特色的 DSS，其系统结构也不同。

在 DSS 发展过程中，DSS 的系统结构主要有二库结构、三库结构和四库结构。二库结构，即系统主要由数据库和模型库组成，如图 1-7 所示，适用于一些特定的领域，如财务计划决策支持系统。三库结构，即系统由数据库、方法库和模型库组成，如图 1-8 所示，其特点是将决策方法从模型库中分离出来，将决策过程中常用的方法，如优化方法、预测方法、蒙特卡洛方法、矩阵方程求根法等作为子程序存入方法库中。四库结构，如图 1-9 所示，在传统 DSS 基础上，将专家系统（ES）和决策支持系统有机结合所形成的系统，在三库结构的基础上增加了知识库，它是 DSS 能解决用户问题的智囊，其中存储的是有关问题领域的各种知识、数据、模型等，即形成了智能决策支持系统（intelligent decision support system，IDSS）。在 IDSS 基础上，集成多个决策者的智慧、经验，以计算机及其网络为基础，用于支持群体决策者共同解决半结构化的决策问题所形成的集成系统，就是群决策支持系统（group decision support system，GDSS），如图 1-10 所示。

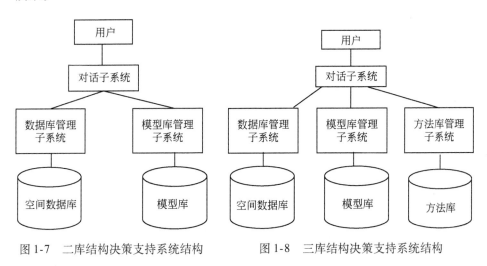

图 1-7　二库结构决策支持系统结构　　　　图 1-8　三库结构决策支持系统结构

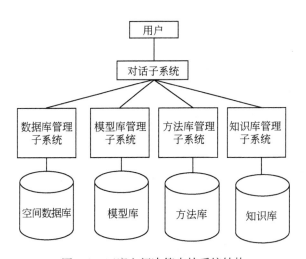

图 1-9　四库空间决策支持系统结构

目前，四库系统的 DSS 主要由五个部件构成：人机接口（对话系统）、数

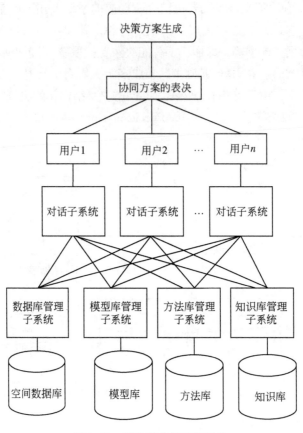

图 1-10　群决策支持系统结构

据库、模型库、知识库和方法库。在这五个部件的基础上又开发了各自的管理系统，即对话管理系统、数据库管理系统、模型库管理系统、知识库管理系统、方法库管理系统（method base management system，MBMS）。因此，一大批现有的 DSS 都可以认为是这 10 个基本部件的不同的组成和组合，一般来说，这十个部件可以组成实现支持任何层次和级别的 DSS 系统。其中，两个基本的子系统之间的交互或连接部分称为接口。在将系统分解为子系统时，需要对接口进行定义（赵波，2004）。

（3）决策支持的形式

决策支持系统对规划决策的支持形式主要有三种，即以数据形式支持决策、以模型形式支持决策和以决策方案形式支持决策。其中，数据能反映事物的数量化特征，如土地利用总体规划中，有地理空间数据，还有自然、社会、人文、经济等与规划决策有关的专题数据的支持，才能为决策者提供准确的信息服务（张勇等，2004）。模型主要指各种分析、预测、评价和优化等模型，是联系决策支持系统与专业领域的纽带，是综合利用数据的工具，是解决空间分析和决策支持问题的核心；决策方案是在利用模型对数据进行分析，并运用决策者的经验和知识的基础上形成的，是支持规划决策的最直接、最佳的形式。

1.2.2　空间决策支持系统

空间决策支持系统（spatial decision support system，SDSS）是帮助用户运用空间数据、应用模型、软件工具和专家知识对一个与空间有关的问题作出决策，并选择最好的解决方案的管理信息系统。它具有辅助决策功能的地理信息系统，是 DSS 与 GIS 结合的系统，用来解决含有空间性质的半结构化和非结构化问题。

自 20 世纪 80 年代中后期出现以来，SDSS 就在国内外引起了广泛的重视（阎守邕和陈文伟，2000），并进行了大量的研究。目前，它是国内外相关学者研究的热点（张勇等，2004）。

空间决策是一个涉及多目标和多约束条件的复杂过程，通常不能简单地通过说明性知识或过程性知识进行解决，要求综合地运用信息、领域专家知识和有效的交流手段（赵波，2004）。土地利用总体规划是有关空间行为的决策问题，解决问题的方案是由决策者或领域专家在专业领域知识和经验的启发下，在分析大量的空间和非空间信息的基础上得到的（吴继忠等，2005）。所以，土地利用总体规划的决策需要空间决策支持系统。

空间决策支持，常用于空间数据发生关系的领域，即应用空间分析的各种手段对空间数据进行处理变换，以提取隐含于空间数据中的某些事实与关系，并以图形和文字的形式直接加以表达，为现实世界中的各种应用提供科学合理的决策支持。

空间决策支持系统是在常规决策支持系统和地理信息系统相结合的基础上发展起来的新型信息系统。由于传统的基于逻辑性知识表示的决策支持系统不利于形象性知识的表示，地理信息系统（geographic information system，GIS）正具有这方面的优点，但目前市场上流行的 GIS 软件难以很好地描述空间信息的时空分布模式，缺乏空间模拟和模型分析功能以及交互式问答的能力，专家和决策者之间的交互过程只能在 GIS 的外部进行，因此它只能提供辅助决策过程中的数据支持，不能提供实质性的决策方案，难于求解比较复杂的结构化较差的空间问题（如资源配置、动态规划等问题），不能为各级管理和决策人员提供直接的决策支持（黄添强，2003）。为此，空间决策支持系统使得系统的驱动机制从数据库及其管理系统的驱动机制转变成了模型库及其管理系统的驱动机制。模型在系统中不再处于从属地位，而成为系统的驱动核心，这不仅提高了系统对复杂的结构性较差如半结构化或非结构化的空间问题的求解和决策能力，为用户提供各种所需的空间信息即数据级支持，而且还可提供实质性的决策方案（黄添强，2003）。

1.2.3 决策支持系统研究进展

根据国内外相关文献，决策支持系统研究进展如表 1-1 所示。

表 1-1 国内外决策支持系统研究进展一览表

研究年代	代表人物	主要研究内容	系统情况
1971	P. Keen 和 S. Morton	首次提出"决策支持系统（DSS）"雏形系统	初阶决策支持系统
70 年代末、80 年代初	R. H. Sprague	模型库、数据库及人机交互系统三个部件组成二库结构系统	
80 年代初		模型库、数据库、方法库及人机交互系统的三库结构系统	
1981 年	Bonczak	模型库、数据库、方法库、知识库的四库结构系统	高级决策支持系统
1982 年		数据库、模型库、方法库、知识库和文字库五库结构系统	
1983 年		DSS 与专家系统 ES 结合	智能决策支持系统（IDSS）
1984 年		DSS 与计算机网络技术结合	群体决策支持系统（GDSS）
90 年代		分布式的数据库、模型库与知识库等决策资源有机地集成	分布式决策支持系统（DDSS）
1985 年	Owen	提出了由专业人员组成的，支持决策者使用 DSS 解决决策问题有机地集成	决策支持中心（DSC）
1986 年	M. P. Armstrong	结合区位分析与规划问题在计算机上研制 SDSS	空间决策支持系统
1987 年	Keen	DSS 的关键在于"支持"，需要充分利用已有的 AI 工具和经验	主动的决策支持
1989 年	P. J. Densham	提出了关于 SDSS 研究工作较全面的设想	空间决策支持系统

1.2.4　决策支持系统研究趋势述评

纵观国内外研究，决策支持系统的发展呈现以下趋势：

1）决策支持系统的构成，逐渐由模型库、数据库、方法库及人机交互系统的三库结构，过渡到模型库、数据库、方法库、知识库的四库结构系统，向数据库、模型库、方法库、知识库和文字库五库结构系统发展。

2）参与决策的主体由单个决策向群体决策、分布式决策向决策支持中心发展。

3）由基于传统决策理论的决策向智能化决策转变。

4）决策支持系统由基于数据库的决策，向基于数据仓库的决策，并向数据分析与数据挖掘的纵深方向延伸。

5）随着科技的发展，决策支持对象的属性逐渐由数量决策向数量与空间决策一体化决策方向迈进。

1.3　土地利用总体规划决策支持研究趋势

土地利用总体规划是各级人民政府为实现土地资源优化配置，保障经济社会的可持续发展，在一定区域和时期内，根据土地资源利用状况、开发潜力和各业用地需求，对城乡土地利用所作的统筹安排和综合部署，是国家调控土地利用的重要措施之一。

由于土地利用规划是一项多学科、多部门、多时序的系统工程，它不仅要研究土地的自然属性，还要研究土地的生态、社会与经济等属性，更要考虑人为的、主观的因素的作用，所以规划过程中涉及诸多的半结构及非结构化问题，需要决策支持系统加以解决。

尽管目前中国还没有土地利用总体规划决策系统，但在土地利用总体规划中，决策行为却一直存在，且呈现出了以下九大新趋势。

1.3.1　土地利用总体规划决策多层次性的分工协作

由于国家、省、市、县、乡（镇）在土地利益上的差异，构成了土地利用总体规划决策的宏观、中观和微观决策的多层次性。

唐在富（2007）认为，中央政府的目标是实现土地资源的均衡有序利用和经济社会的可持续发展。理论上其决策是符合全社会福利最大化原则的。从这种意义上来说，中央与地方的调控目标应该是一致的。但是，作为具有"经济人"思维的地方政府，也有与中央政府利益不一致的地方。原因主要在于：一是社会整体的福利最大化并不意味着具体每一个区域民众的福利最大化；而恰恰相反，社会全体人们的福利最大化恰恰是在各个区域人们可能实现的最大化福利"抽肥补瘦"的基础上来实现的。二是区域经济发展目标的内在驱动。当绝大多数地区都严格执行紧缩政策时，少数几个地区采取欺骗行为，就有可能既不受查处（不至于影响到宏观调控大局），又能实现更快速度的发展。三是地方财政增收的现实需要。土地国有这一基础条件为地方政府财政增收提供了便捷的途径，地方政府会想方设法在土地上多筹钱，满足财政支出的需要，以实现政府的各项工作目标。当然当中也不排除个别公权力执行者不当利益的驱动。

中国社会科学院农村发展研究所王小映等（2006）认为，中央和地方政府在规划管理权责划分上不明晰。目前，中国土地规划的权力主要集中在中央，由中央自上而下地编制总体规划。总体规划是从上至下分级控制，具体的工具就是用地指标。中央和省级政府的规划实际上是进行指标的控制。但事实是，中央很难把各个地方的土地需求、规划需求以及需求的时间跨度等了解得很清晰，导致规划信息不对称，因此，指标的安排也难以切合实际，导致各级规划的功能定位不明确，权责不明晰，最后的结果是地方政府的用地由上面定，规划和实际需求脱节，地方政府用地违法在所难免。

为此，在进行土地利用总体规划决策时，各个级别规划不可缺位，也不宜越位，做到土地利用总体规划的编制与实施权责的一致。理所当然，规划决策支持系统的设计也应该根据决策主体、决策范围和空间尺度以及决策性质进行科学决策。赵哲远（2007）认为，①国家级规划、省级规划、地市级规划属于政策引导性规划，体现大区域范围的社会经济发展目标和土地利用方向，制定土地利用政策，协调跨区域重点项目等；②县级规划属于布局性规划，按照上一级规划的土地利用控制指标进行区域性土地利用布局，进行土地用途管制分区的划定，确定分区土地利用方向和管制规则；③乡镇级规划属于实施性规划，其规划内容重点是土地用途分区管制和用途编定。所以，可持续土地利用总体规划的决策最终要实现多层次规划的分工协作。

1.3.2 土地利用总体规划决策的"刚""弹"相济

根据中国土地利用规划的特点，可以将其划分为三个阶段。第一阶段：新中国成立后至1978年，中国实行的是计划经济，土地资源的分配以行政划拨方式实现，应用计划手段将土地作为一种资源进行配置。第二阶段：1979～1992 年，实行社会主义公有制基础上的有计划的商品经济时期，在土地资源的配置上逐步引入市场机制，实行"计划经济为主，市场调节为辅"，土地利用的规划模式主要是指标调整和分区结合模式，指标主要依据各部门的土地需求预测确定，经部门间的综合协调平衡后得到区域土地利用规划方案。第三阶段：1993 年至今，逐步建立社会主义市场经济体制，市场在国家的宏观调控下发挥对资源配置的基础性作用，辅以必要的经济、法律和行政手段进行土地资源的合理配置（朱凤武和彭补拙，2006）。

第一、第二阶段的规划，寄希望于计划部门按照规划确定的目标按部就班进行，用地布局上细致入微、追求理想化和终极化，是刚性规划（魏静，2003）。

弹性规划是市场经济的产物，因为市场经济中许多变化因素的不确定性、不可预见性和不可测性迫切要求规划人员编制具有广域适应性的灵活机动规划（刘金勋，1997），即弹性规划。由于未来的难以预期性和经济的不确定性，在规划编制时，就应有更大的灵活性。规划的灵活性与弹性主要体现在规模、规划内容和规划结构的可变性上（普雷姆詹德，1989）。

早在 20 世纪 60 年代，波兰、法国、西德等国家就开始探索，其编制思路是市场调节和政府干预同时并用，有机协调，适时适度。在编制弹性规划时应注意解决诸如确定合理的弹性度，依据政府和当地实情编制规划目标的高、中、低方案和土地利用结构的弹性方案（上下浮动区间），对同一地区编制若干个不同程度符合规划目标的规划方案，供决策部门选择（王万茂和张颖，2003）。实践证明，弹性规划对市场经济制度下区域经济发展和资源合理利用具有较强的适应性和指导性。

随着中国市场经济体制的逐步完善，从前以重视预测和计划、刚性为主的计划经济模式的规划，要向以市场为导向的市场经济规划体制转换，做到"刚""弹"相济。

在土地利用总体规划中的"刚性"，是指土地利用总体规划在战略指导思想、任务和内容、规划指标的数量和结构、用途分区及用途管制制度、重大项目用地布局和规划管理程序等方面所具有的固定性、法定性、权威性、严肃性和指令性，体现了规划宏观控制和具体规划的龙头作用和功能；而其中的"弹性"，是指在确保土地利用总体规划应有功能的前提条件下，规划编制和实施管理的灵活性、可调整性和应变能力（吴锦城，2004）。它的作用在于弥补刚性的缺陷，增强规划的编制和实施的灵活度，将规划科学和规划艺术统一到编制和实施规划的实践中（吴锦城，2004）。

1.3.3　土地利用总体规划与实施决策的全程性

规划本质告诉人们，规划是一个过程，是一个不断逼近规划目标的过程。规划不是时点行为，而是时期行为。这就决定了规划过程中不仅包含规划编制，而且还把规划实施作为规划过程中不可或缺的组成部分。规划者和规划编制单位义不容辞将规划实施视为己任，在规划编制过程中与规划实施单位保持密切联系，并根据实施反馈信息按法定程序适时修改和完善原有的规划方案，为此，必须转变静止地对待规划方案的传统观念。由于客观事物的复杂性、多重性和不确定性，在实践活动中主观和客观完全相符的情况是极为少有的，必须要调整决策，这种不断地做出一个又一个对未来实践的决定的长链条，在管理学上称之为微分决策的积分。土地利用总体规划的"灵魂"和最终目标仍在于规划方案的实施。所以，在土地利用总体规划中，决策贯穿了从可行性研究、规划大纲编制、规划方案形成以及规划的实施与监测的全过程。

1.3.4　城乡一体化规划决策

城乡一体化是指城市和乡村在经济、社会、生态环境、空间布局上实现整体性的协调发展。这既是一个城乡融合的理想模式，也是一个长期的地区社会经济发展过程，是社会—自然—经济复合生态系统演替的顶级状态。城乡一体化具有两个基本特征——经济上整体协调和空间上整体协调，而城乡间发达的基础设施、社会服务设施网络是对这一切的基础支撑。城乡一体化规划的基本思路有四个方面，即强调空间集聚、协调分工、资源共享、环境优化①。

中国社科院刘维新研究员在总结昆山小城镇建设经验时提出了"镇、村、矿三位一体改造"的概念（小城镇土地使用与管理体制改革课题组，1998），即将现代化建设中的城镇改造同乡镇企业改造、自然村庄的合并改造相结合，通过统一规划，达到节约土地资源，提高土地利用效率，提高城镇现代化程度的目的。

日本京都大学农学部教授岸根卓朗认为："现实社会也和数学一样，在功能分化过程中，各种功能之间仍然存在着根深蒂固的依存关系和强大的引力。只是在过去的国土规划中，这种综合的有机联系并不能被分割为社会功能，却被人为地分裂为城市功能（人工系功能）和农村功能（自然系功能），城市规

---

① 嘉兴市城乡空间布局一体化专题规划. 2005. http：//www.jiaxing.gov.cn ［2008-9-10］.

划和农村规划之间失去了联系，各行其是。"他还认为，日本前三次国土规划之所以均未达到预期目的，其原因在于这些国土规划都是将城市规划和农村规划分裂开来，采用的是对症疗法，而且无论点规划还是线规划、面规划，终究不过是一维或二维的规划，所以，规划实施的结果总是强大的城市吸引了农村地域的资源，反而加剧了人口过密与过疏的矛盾。因此，他提出创建城乡融合社会系统的理论和构想，力图打破传统规划理论的窠臼（李成和李开宇，2003）。

城乡一体化规划可以加强宅基地整理，解决好村内空闲地、空心村、城边村等存量建设用地，有利于土地的节约和集约利用；可以按规划有计划地引导和鼓励集中建设农民新村，通过改造旧村庄，归并农村居民点，有利于将城市建设用地增加与农村建设用地减少相挂钩；可以积极推进废弃地和宅基地复垦整理，因地制宜实施农村基础设施和村庄改造，建新拆旧，加强协调，有利于村庄和集镇等规划与土地利用总体规划相衔接。同时，通过调控城乡土地的使用，使城乡发展相互衔接；或通过把农田、水体和森林作为绿地景观引入城市，建立区域基础设施，使城乡融为一体（万艳华，2002）。

1.3.5　土地利用总体规划决策的分区管制

分区制是指通过分区界线和利用规则直接对特定位置和范围上的土地利用实施控制，而不是直接对各类用途土地的数量实施控制。但分区界线一经确定，各类用途土地的数量也就随之大概确定。分区制模式与以用地数量为规划对象的模式相比，具有可操作性强、应付未来不确定因素冲击的弹性大等优点。

从宏观层面上来说，中国现行的土地利用总体规划干预土地资源配置的方式主要是通过土地用途管制制度来进行的；从微观层面上来说，土地利用总体规划干预土地资源配置的方式主要是通过土地用途分区管制来进行的，土地用途分区管制作为与较低层次规划相对应的内容，直接调节的对象是具体土地使用者的利用行为（臧俊梅和王万茂，2005）。

分区多采用地域分区方法，在土地适宜性评价的基础上，依据土地利用方向、土地利用政策、措施的相对一致性，划分不同的地域分区，指出各个区域的不同的土地利用主导方向和采取的土地利用措施（朱凤武和彭补拙，2003）。

目前，世界上市场经济体制国家在土地利用总体规划的具体内容上虽存在着千差万别，但大都采用土地利用分区的规划模式（Lin，2000）。这一模式实际上是从两个层次上对规划区范围内的未来土地利用实施控制。一是通过用途地域界线，控制各种主要土地用途空间；二是通过用地规则，控制用途地域内部的土地利用行为。

所以，土地利用分区是土地利用总体规划中最直观也最重要的一种宏观调控土地资源的手段，用地分区的同时也实现了对行业区位布置的合理引导和制约，对产业结构在区域布局上的合理调整起到综合协调作用（吴锦城，2004）。

1.3.6 土地利用总体规划决策的"反规划"逆动性

"反规划"是应对中国快速的城市化进程和在市场经济下城市无序扩张的一种物质空间的规划途径（俞孔坚等，2005）。"反规划"不是不规划，也不是反对规划，它是一种景观规划途径，本质上讲是一种通过优先进行不建设区域的控制，来进行城市空间规划的方法（俞孔坚等，2005）。

如果我们把目前常规的建设规划程序作为"正"或"顺"规划的话，那么"反规划"表达了在规划程序上的一种反动，一种逆动：不依赖于城市化和人口预测作为城市空间扩展的依据，而是以维护生态服务功能为前提，进行空间布局的安排。它是以生命土地的健康、安全及持久的公共利益的名义，不从眼前利用出发提出需要开发土地的规划，而是提供给决策者一个强制性不发展区域的规划。

在土地利用总体规划中，"反规划"逆动性的表现：重视土地生态环境，不再只依赖于城市化和人口预测作为空间扩展的依据，而应以维护生态服务功能为前提，进行用地空间布局，且在土地利用总体规划中要实现生态用地规划先行。

1.3.7 土地利用总体规划的宏观调控性

随着国家增加"地根"作为宏观调控的手段，而作为土地管理工作"龙头"的规划其功能上不再是仅仅强调土地空间布局优化，更要强调其宏观调控功能。

近年来国家对土地资源管理越来越重视，将土地利用总体规划实施管理作为土地管理工作的一项核心内容，强调要依照土地利用总体规划对土地用途实行管制，严格限制农用地转为建设用地，控制建设用地总量，对耕地实行特殊保护（项家铀和吴洪涛，2001）。按照《土地管理法》，土地利用年度计划编制、建设项目用地预审、农用地转用和土地征用审批、基本农田保护区划定和管理、土地开发整理、土地执法检查等，都必须依据土地利用总体规划进行审查，实施规划已贯穿于土地管理工作的始终。

在建立和完善土地市场过程中，不仅要发挥市场对资源配置的基础性作用，而且要积极克服市场失灵的问题。通过建立有效的供给调控体系，实行土地用途管制制度，充分发挥土地利用总体规划的宏观调控作用，严格控制供给总量，可达到切实保护、节约和集约利用土地资源，实现土地资源的优化配置和合理高效利用，进一步满足国民经济快速、持续、健康发展对土地的要求。

土地利用总体规划是市场经济条件下实现土地资源优化配置的基本方式，是当前城、乡土地管理的"龙头"，是土地供给引导需求的依据（吴锦城，2004）。中国现阶段土地利用的宏观调控主要是通过严格控制土地供给总量和保持合理的土地利用结构，来实现土地资源的集约利用和优化配置。由于受到比较利益的驱动，仅靠市场调节不可能做到宏观层次的资源合理配置。要使市场对资源配置和经济运行发挥基础性的调节作用，必须以政府在各类资源中占比重最大也是最重要的土地资源利用的宏观调控机制加以弥补，实现土地可持续利用，达到经济效益、社会效益、生态效益三统一（吴锦城，2004）。

由此可见，在土地利用总体规划的决策时，要发挥政府的宏观调控能力，使宏观调控与市场调节相互补充、相互协调。

1.3.8　土地利用总体规划决策的公众参与性

长期以来，中国的土地利用总体规划工作一直走的是封闭性的专家和技术人员规划的路线，对规划的讨论和定案多是"高层次进行的"（段建南和胡瑞芝，2004），参与规划的主体主要是政府官员、专家和规划师。专家和规划师是规划者，政府官员是决策者，规划者不能代替决策者，而是为决策者提供备选方案，把决策者的意图和目标通过规划者的努力使其贴近现实，来源现实又高于现实（王万茂和张颖，2003）。

随着改革开放的扩大和市场经济的发展，"规划决策要充分听取不同声音，采纳合理意见，做好信息沟通传达，使土地利用规划目标和措施真正成为社会各阶层的行动契约"。所以，土地利用总体规划参与者中，社会公众也是土地利用规划必不可少的参与者，这不仅体现在规划公告方面，还体现在规划过程中，包括调查研究、评议规划方案、参与决策、监督规划实施等整个过程。

公众参与是现代西方发达国家城市公共管理的一项重要制度。其指导原则是"凡生活受到某项决策影响的人，就应该参与那些决策的制定过程"。公众参与是各国土地利用规划的重要环节，且各国大多通过法律对公众参与加以明确规定，如英国在规划工作过程中必须多次举行公众听证会，并及时修改规划公众意见，这也是批准规划的重要依据；美国公民有权决定是否进行土地利用规划。市镇土地分区规划要经过居民表决讨论，半数以上同意方可进行。一些国家如日本、德国还有专门的专家审议机构负责对规划进行审议（郑伟元，2004）。

公众参与土地利用总体规划包括两个方面：一是参与土地利用规划方案的编制，体现民主化；另一方面，公众参与规划方案的实施监督，发挥公众的监督作用。在进行土地利用总体规划决策支持系统的设计时，系统应该满足以上两方面的需求（王正兴，1998）。同时，公众参与土地利用规划修编是全程参与，尤其是对于具体地块或地域的用地规划而言，由于与有关居民或农户的利益密切相关，更应该如此。通过公众参与，既可以对规划人员收集的资料进行修正，又可以将规划的目标和设想及时与公众进行交流，以提高决策方案的可行性和满意度，提高土地规划方案的运行效果（杜超和卢新海，2006）。

1.3.9 GIS 与 DSS 系统集成的必然性

面对涉及自然、经济、社会和环境的这一复杂的巨系统，土地利用总体规划要实现其目标，离不开先进技术的支持与协助。目前，传统的规划方法和现有的 GIS 无法解决分析和决策问题，要更好地提高土地利用规划的决策水平，不断发展的土地利用规划空间智能决策支持系统（IDSS），包括资源数据库、社会经济数据库、土地适宜性评价的方法、土地资源需求量预测方法、土地资源优化配置的方法等（黄小虎，2006），是新形势下土地利用总体规划的必然选择。

综上所述，土地利用规划决策正呈现以下趋势：决策主体政府官员、专家与规划师向公众的延伸；决策程序上，正从传统的规划程序向"反规划"发展；决策支持也正在向规划编制与实施化全过程决策转变；决策支持的区域向着城乡一体化综合区域融合；土地利用规划的功能由资源优化配置向资源优化配置与宏观调控相结合的复合功能转变；决策中，将刚性与弹性、属性决策与空间决策、GIS 技术与 DSS 技术相结合，除解决结构化问题外，还可解决半结构化或非结构化问题。由此可知，可持续土地利用总体规划空间决策支持系统是目前发展的必然趋势。

1.4 本 章 小 结

通过对国内外研究文献分析，可以得出如下结论：

1）土地利用规划工作基本脱离了传统的手工规划系统模式，各级土地利用规划的信息系统纷纷建立。但由于规划过程中涉及许多的半结构化和非结构化问题，需要决策支持系统辅助决策者进行决策，所以将 GIS 与 DSS 相结合的土地利用总体规划空间决策支持系统是未来的发展方向。

2）就决策支持系统本身而言，也有一个发展和完善的过程，从国内外研究动态可以了解到，决策支持系统经历了三库系统、四库系统和五库系统，正朝着群决策、分布式决策到智能化决策的方向演变；从基于数据库的决策，向基于主题的数据仓库乃至数据挖掘的纵深方向延伸。

3）随着科学发展观的提出，可持续土地利用规划成为必然趋势。为落实科学发展观，实现可持续土地利用总体规划，目前中国土地利用规划决策支持呈现了以下新趋势：土地利用规划决策的宏观、中观与微观决策多层次性的分工协作；决策的弹性与刚性有机统一；决策支持的区域由单一区域向城乡一体化综合区域发展；规划决策的程序也体现了"逆动性"——从基本农田的保护规划到生态的湿地保护规划再到一般用地规划；规划决策支持的功能不仅体现了资源优化配置，还要体现国家的宏观调控功能；决策的主体不仅有官员、规划师，还有广大公众参与，实行群决策；GIS 与 DSS 系统相集成的必然性。

第2章
县级土地利用总体规划空间决策
支持系统分析与设计

中外研究表明，地理信息系统与决策支持系统集成的空间决策支持系统将是实现可持续土地利用总体规划的必由之路。在县级土地利用总体规划中，地理信息系统与决策支持系统为什么需要集成，如何集成以及集成后的结构与功能如何，需要进行系统分析。

2.1 土地利用总体规划空间决策支持系统

2.1.1 土地利用总体规划空间决策支持系统的概念

土地利用总体规划空间决策支持系统（spatial decision support system for comprehensive land use planning，CLUPSDSS）是指由人机交互界面的信息系统、数据仓库及其管理系统、模型库及其管理系统、知识库及其管理系统、方法库及其管理系统的辅助决策系统集成的系统（曹玉香，2005；王晓娜，2004），为土地资源优化配置方案的制订和土地利用总体规划决策提供有效手段和辅助工具。

2.1.2 土地利用总体规划空间决策支持系统的构成

土地利用总体规划是一项复杂的系统工程，决策过程中会涉及海量地理环境空间数据、大量分析模型及在此基础上形成的规划决策方案及方案优选问题。因此，土地利用总体规划方案的决策是基于空间决策支持系统完成的，即为辅助土地利用总体规划进行科学决策，需要 GIS 与 DSS 系统进行集成，形成空间决策支持系统，如图 2-1 所示。

2.1.2.1 GIS 与 DSS 集成的必要性

（1）建立空间决策支持系统是土地利用数字规划业务的需求

从决策学观点看，可持续土地利用规划决策是为实现土地可持续利用目标

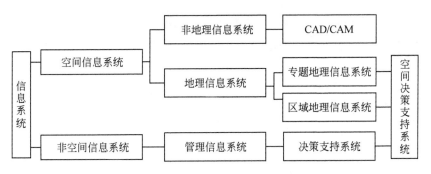

图 2-1 信息系统分类图（吴光红，2003；陈述彭等，2000）

的一系列规划决策的行为与过程。开发数据采集、指标预测与分解、土地利用结构与布局调整、方案对比评估到规划实施与监控一体化决策支持系统，是实现数字规划的必然选择。

1）可持续土地利用规划非结构化决策的需要。土地利用总体规划是人类为使土地、经济、社会与生态协调发展而对自身活动和环境状况所制定的时间和空间的合理安排，所决策的问题多为半结构化和非结构化问题，仅靠规划人员的主观判断很难保证规划的科学性。而决策支持系统能够在规划中发挥这一重要作用，不仅扩大和增强规划人员处理问题的范围和能力，还可以充分利用计算机资源和价值分析工具以帮助规划人员作出科学、合理的决策（林逢春和王任，1995）。

2）可持续土地利用规划多目标决策的需要。土地利用总体规划是一项涉及面广、多变量、多层次、多目标的复杂大系统问题和多目标综合决策问题，规划方案涉及广泛的环境、经济、社会甚至政治等多种因素的考虑，其决策追求的是公平与效益方面的均衡，决策目标具有多元性，且多目标之间和因素之间具有紧密的内在关联性，必须遵循多目标决策的原理和方法进行多目标决策。

3）可持续土地利用规划群决策的需要。土地利用规划是一项十分重要的任务，单一机构、部门无法完成，需要多部门、群体的配合，发挥群体决策的优势，唯有决策支持系统才能够胜任这一任务。

4）可持续土地利用规划动态性的需要。土地利用规划系统是一个极其复杂的动态变化系统，规划中每项条件的变化都会影响规划中的其他数字。且人们对于未来社会发展作出的预测总是存在着或大或小的偏差，其中存在着许多不确定因素。在规划的实施过程中，需要不断地将规划状态与实际环境状况进行比较，然后进行决策，提出相应的对策。当偏差较大时，应及时根据实际情况对规划进行修订，以保证规划的科学性（但承龙，2002）。所以，这一动态过程始终离不开决策支持系统。

（2）建立空间决策支持系统是两个系统功能上互补的需要

空间决策支持系统（SDSS）是常规决策支持系统（DSS）和地理信息系统（GIS）系统集成的结果，用以实现系统结构和功能的创新（黄添强，2003；李峻，2001）。

GIS 系统功能的优缺点如下：

目前市场上流行的 GIS 软件的主要功能是为实现数字规划提供基础平台，负责规划数据的采集、编辑、转换、存储、管理、查询、检索、分析、模拟、显示以及制图表达与输出等功能（徐虹等，2002）。其作用是为 DSS 提供空间数据库的建立、空间数据分析和基于地图的可视化信息查询、统计和检索，这在很大程度上增强了 DSS 的原有功能（崔宝侠，2005）。因此，GIS 的应用使决策者更加摆脱了技术细节的障碍，把精力放在宏观决策判断上，更好地实现DSS 的目标（贺军和谈为雄，2000）。

而 GIS 本身的模型只局限于部分空间分析功能，如叠加分析、缓冲区分析、最短路径、拓扑分析等，对大量属性数据不能提供有效的决策分析，且GIS 软件集成其他各种分析模型难度较大，无法为空间复杂问题提供足够的决策支持。因其缺乏对于特定问题分析建模的能力，故不能将其单独看做是一个空间决策支持系统（Goodchild and Kemp，1990；Goodchild et al.，1994），也就难以提供实质性的决策方案，求解比较复杂的、结构化较差的空间问题（如资源配置、动态规划等问题），不能为各级土地利用规划和决策人员提供直接的决策支持，无法满足各级决策者的要求，而决策支持系统正好为这些问题提供了途径（黄添强，2003；徐贞元等，1997）。

DSS 系统功能优缺点如下：

决策支持系统（DSS）是从数据库中找出必要的数据，并利用数学模型的功能，为用户产生所需要信息的计算机程序系统（陈文伟，2000）。它以提供决策为目标，对决策者起着"支持"和"辅助决策"的作用，能帮助决策者进行高水平的决策。尤其是以数据仓库（data warehouse，DW）、联机分析处理（on-line analytical processing，OLAP）和数据挖掘（data mining，DM）相结合建立的新决策支持系统的出现，以及其向智能化、分布式和综合化方向发展后，模型分析功能和决策功能日益强大。

但目前大多数 DSS 不能灵活、直观地描述对象的空间位置、空间分布等信息，缺乏灵活、直观地描述对象的空间位置和空间信息分布等功能，不能为决策者创造一种空间数据可视化的决策环境（王家耀，2003），且基于逻辑性知识表示的决策支持系统不利于形象性知识的表示（黄添强，2003），不能为决策者或决策分析人员提供一种空间数据可视化的决策环境。

因此，GIS 与 DSS 两者的集成，既能处理具有空间特征数据分析能力，又具有强大的决策支持功能，可以利用模型进行辅助决策，帮助决策者有效地利用各种空间信息和属性信息解决实际工作中的问题。

2.1.2.2　GIS 与 DSS 集成的可行性

（1）两者技术的发展为系统集成提供了基础

一是 GIS 技术的发展。GIS 的操作对象是地理环境的空间数据，即地理实体的位置数据及相关的属性数据和拓扑关系数据，已经成为解决一系列空间问题相当有用的计算机辅助工具，具有很强的信息综合、空间数据管理、空间分析功能。且现代的 GIS 在一个系统中既提供了启发逻辑思维（建模、分析、计算……），又提供了启发形象思维（可视化、地图、图表……）的引擎并能将二者密切的结合，从而为启发使用者的创造性思维提供了极为便利的条件（高俊等，2002）。二是 DSS 技术的发展。数据库、知识库和方法库的运用，尤其是智能决策（IDSS）、群决策（GDSS）和集成决策（IGDSS）等技术的发展，使系统能够对复杂的信息进行科学决策。

（2）驱动机制上的改变为系统集成提供了可行性

空间决策支持系统的发展改变了系统的驱动机制，即从数据库及其管理系统的驱动机制转变成了模型库及其管理系统的驱动机制，模型在系统中已不再处于从属地位，而成为系统的驱动核心，使其具备了对复杂的半结构化或非结构化的空间问题的求解和决策能力，为用户提供各种所需的空间信息，即数据级支持，而且还可提供实质性的决策方案（黄添强，2003）。

综上所述，决策支持系统和地理信息系统的结合不仅大大增强数字规划的空间决策支持能力（徐贞元等，1997），也为系统增加了"智商"，即增强系统对数据进行综合分析和辅助决策的功能（张卫建等，2000）。所以空间决策支持系统（spatial decision support system，SDSS）使得系统处理空间信息时从空间探索和拓扑分析提高到模型模拟的高度，从空间分析工具上升为空间决策支持工具；同时 GIS 则为系统空间建模提供了一个可视化的直观平台，为模型分析过程中解决诸如空间分布参数、空间多尺度和非均质等问题提供了一个强大的数据表达和处理方法。

当然，空间决策支持系统是一个由数据、模型和智能技术支撑的交互式的计算机软件系统，具有三个特征：第一，它是支持决策者进行决策的工具，而不是代替人作出决策；第二，用户一般是相应层次的决策者，而不一定是计算机专家；第三，能处理的问题一般是半结构化甚至是非结构化的问题，支持决策的工作方式是人机交互式的（王家耀和姚松龄，2000）。

2.2 土地利用总体规划空间决策支持系统需求分析

2.2.1 土地利用总体规划的业务需求

2.2.1.1 实现总体目标的必然选择

根据《全国土地利用总体规划纲要（2005~2020）（送审稿）》（以下简称《纲要》）和县级土地利用总体规划修编的相关规定，目前土地利用总体规划的战略指导思想可表述为：不断优化土地利用结构和布局，提高土地利用效率和效益，促进经济社会全面、协调、可持续发展和土地资源可持续利用，实现土地资源安全战略（张友安和郑伟元，2004）。"保护耕地、优化用地结构、调整用地布局、节约集约用地、加强生态建设、推进土地整理复垦等"是土地利用规划近期主要目标；规划始终遵循着"以统筹安排土地利用保障可持续发展能力、以转变土地利用方式促进经济增长方式转变、以合理配置土地利用布局促进城乡区域协调发展、以积极引导土地利用活动促进资源环境的和谐统一、以合理安排土地利用时序调控经济社会健康发展"的规划原则。《纲要》提出修编总体要求是：以科学发展观统领土地利用全局，以转变土地利用模式为主线，以严格保护耕地为前提，以控制建设用地规模为重点，以节约集约用地为核心，以强化规划实施管理为落脚点，在总结现行规划实施情况的基础上，客观分析规划期间中国土地利用供需的总体态势和需要解决的重大问题，明确规划的指导思想和原则，建立系统的指标体系，从总体上把握各类用地总量，提出土地利用主要调控指标。且规划修编要始终坚持"政府组织、专家领衔、部门合作、公众参与、科学决策"的工作方针。

而县级土地利用规划的特点和主要任务是：根据上级规划的要求和本县土地资源利用特点及存在的主要问题，合理调整土地利用结构和布局；制定全县各类用地指标并分解落实到各乡（镇），控制指导乡级规划；划定土地利用区、制定各区土地利用管制措施，将用途分区规划落实到规划图和地块上；加强农用地保护和基本农田建设，大力推进节约集约用地，促进城乡建设用地结构优化，保障重点建设项目（能源、交通、水利等）的必要用地，协调土地利用与生态环境建设，确定土地开发、复垦、整理和保护分阶段任务及实施计划，加强区域土地利用调控，为实行土地用途管制和规划许可制度提供依据。

为此，土地利用总体规划需要空间决策支持系统来辅助决策。

2.2.1.2 修编工作程序的必然要求

（1）FAO 土地利用规划编制流程转变的要求

土地利用规划及其研究在全球各国已经进行了多年。1976 年，FAO（Food and Agriculture Organization，联合国粮食及农业组织）制定《土地评价纲要》，总结了对土地利用规划和土地评价关系的研究，提出土地利用规划的步骤——"十步法"；1993 年，FAO 在其出版的《土地利用规划指南》（*Guidelines for Land-use Planning*）中进一步完善和明确了土地利用规划的方法和步骤——"新十步法"（图 2-2）。

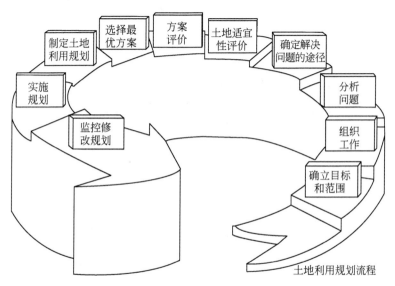

图 2-2　FAO 土地利用规划编制步骤（卞正富和路云阁，2004）

但 FAO 通过在塞拉利昂的实验提出以下步骤：第一，建立工作组，即建立由决策者和技术专家组成的工作组；第二，提出问题和建议，即由社会各阶层提出提高生产和保护自然资源的问题和建议；第三，建立数据库，即建立包括自然、经济、法律和社会问题的数据库；第四，确定自然资源（土地）的潜力和限制性；第五，经过自上而下和自下而上的信息反馈，即向土地利用者提供信息（自上而下）并反馈他们的目标、愿望和优先发展的信息（自下而上）；第六，确定需求和生产、保护的限制性；第七，根据组织、政府和土地权利人的长远目标制定土地利用管理规划；第八，准备人力和手段实施规划并立法（谢俊奇，1999）。这一土地利用规划编制（修编）程序，为可持续土地规划提供了方法体系，对社会可持续发展起到了很大的促进作用。

（2）中国第三轮土地利用总体规划修编的必然要求

第三轮土地利用总体规划的修编的程序如图 2-3 所示。

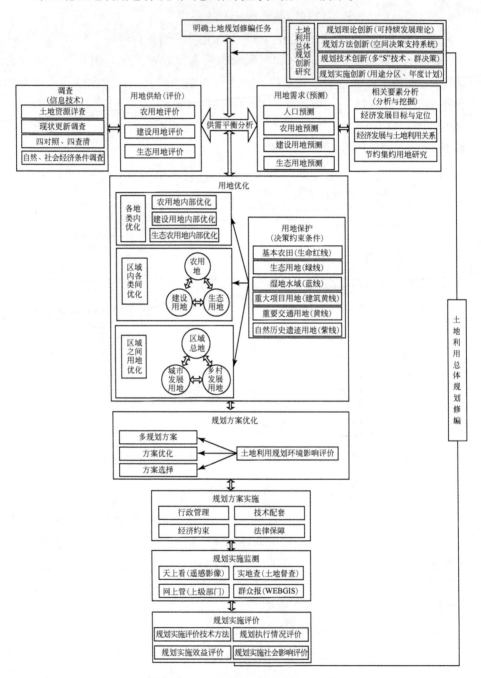

图 2-3　土地利用规划修编技术流程图

由此可见，第三轮土地利用总体规划修编必将体现以下特点：

1）体现"两型"规划，即资源节约型和环境友好型规划。第三轮规划要以科学发展观为指导，以实现可持续发展为目标，所以，在规划用地的优化过程中，始终考虑到约束条件，即要确保以下生存和发展线，即：基本农田——生命红线；生态多样性——绿线；湿地水域——蓝线；重大项目用地——建设红线；重要交通用地——黄线；自然历史遗迹用地——紫线。在规划方案优选的过程中，始终要以土地利用总体规划的环境影响评价结果为指导。

2）体现规划的创新性。在土地利用总体规划修编过程中要进行规划理论创新，尤其是将可持续发展理论落到实处；在规划方法创新方面，要充分利用空间信息技术和当今决策技术的空间决策支持系统；在规划技术创新方面，要规范使用现代信息技术和 GIS（地理信息系统）、GPS（全球定位系统）、RS（遥感技术）、ES（专家系统）、DBS（数据库系统）等多"S"技术；在规划的实施创新方面，除运用行政手段、经济手段和管理手段进行土地利用用途分区、土地利用年度计划控制外，还要实现天上看、网上管、实地查、群众报的立体化、网络化的土地利用规划实施保障体系。

3）体现规划的民主化。新一轮规划修编除领导领衔、专家主导，科学运用决策支持技术，运用模型库、知识库、方法库，对规划中的半结构化、非结构化的问题进行科学决策外，还要在规划的前期、中期和后期，通过信息技术和多媒体技术以及 WEBGIS 技术等，广泛鼓励公众参与规划前期可行性论证、规划方案制定和规划实施与监督，进行规划的群决策，实现规划的智慧化、科学化和民主化。

2.2.2　系统的功能需求

中国现有的土地利用总体规划体系包括全国、省（自治区、直辖市）、市（地）、县（市）和乡（镇）五级规划。其中，全国、省、市（地）三级规划宏观指导性较多，县级规划注重实施的可操作性，而乡镇规划作为最底层规划以落实县级规划内容为重点。因此，针对不同层次规划的特点，系统功能设置各不相同（蔡玉梅等，2004），所以针对不同层次的规划，其 SDSS 系统的结构和功能也不相同。

就县级而言，土地利用总体规划决策支持系统的功能主要包括以下部分，如图 2-4 所示。要实现上述功能，单一信息系统或决策支持系统无法胜任，非空间决策支持系统莫属。

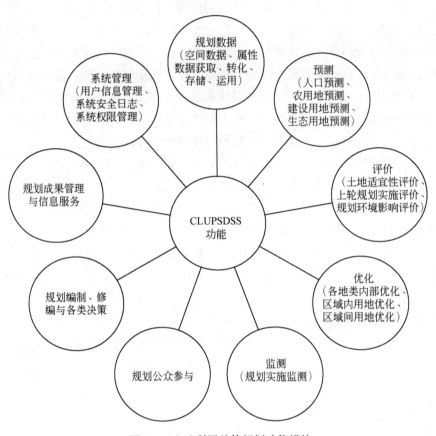

图 2-4 土地利用总体规划功能模块

2.3 土地利用总体规划空间决策支持系统建模

实际上，土地利用总体规划空间决策支持系统是将土地利用总体规划的空间数据分析过程与属性数据的分析和挖掘过程有机统一起来，充分发挥规划专家和公众的智慧，辅助领导决策，为编制土地利用总体规划大纲、形成可行方案、进行方案优化、实施和监督反馈的过程。从土地利用总体规划业务需求与功能需求可以看出，这一过程其实就是一个空间决策支持系统信息化的建模过程。通过研究，土地利用总体规划空间决策支持系统模型主要包括以下四类，即系统逻辑模型、系统数据模型、系统结构模型和系统功能模型。

2.3.1 系统逻辑模型

根据新一轮土地利用总体规划的修编的程序可知，土地利用总体规划空间决策支持系统的逻辑结构如图 2-5 所示。

2.3.2 系统数据模型

根据土地利用总体规划业务分析与功能分析，土地利用总体规划空间决策支持系统的数据模型如图 2-6 所示。

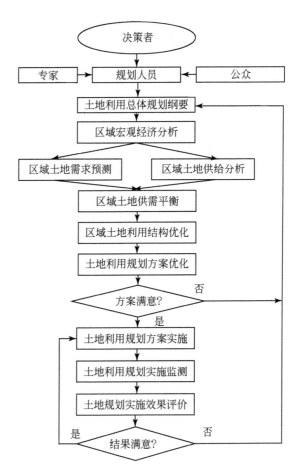

图 2-5 土地利用总体规划空间
决策支持系统的逻辑模型图

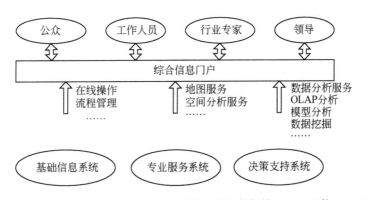

图 2-6 土地利用总体规划空间决策支持系统的数据模型（王忠静，2003）

2.3.3　系统结构模型

综上所述，县(市)级土地利用总体规划决策支持系统总体模型如图2-7所示。

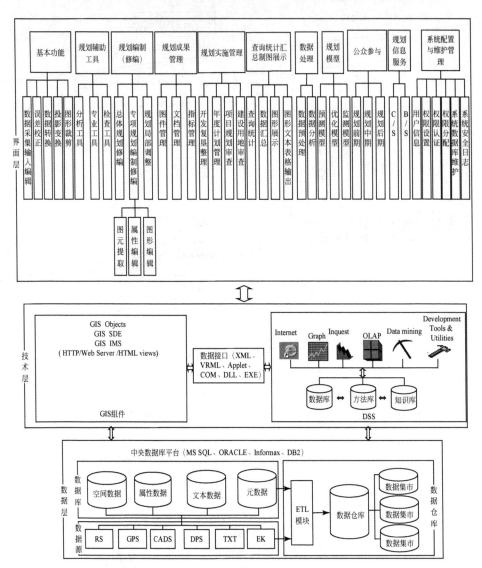

图2-7　土地利用总体规划决策支持系统总体架构图

2.3.4　系统功能模型

土地利用规划空间决策支持系统功能模型如图2-8所示。

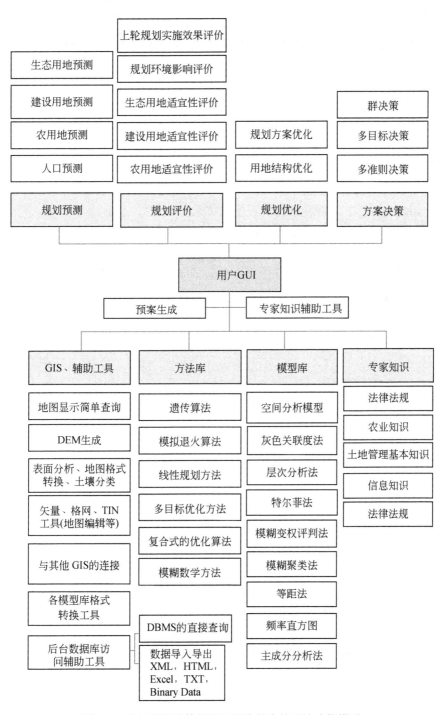

图 2-8　土地利用总体规划空间决策支持系统功能模型

2.4 县（市）级土地利用规划空间决策支持系统设计

2.4.1 系统总体目标

整个系统达到如下目标：实现信息的采集、传输、存储、处理、分析、预案确定及启动全过程的信息化、自动化和网络化；辅助决策方案的制订模型化；建成一套包括科学合理预测、实时准确监测、及时有效发布和动态反馈评估功能的多目标、多准则结构的群决策体系。

由于空间决策支持系统主要提供土地利用规划及决策方案咨询。系统充分发挥数据库的优势，采用数学和系统工程的方法，实现土地利用定性分析和定量研究相结合的规划研究方法，提出多种开发利用方案供国家决策部门选择，真正做到辅助决策，实现土地利用总体规划的科学化与自动化。

2.4.2 系统总体功能

整个系统将利用现代计算机技术、网络技术、多媒体技术等相关信息技术，以数据库、方法库和知识库为基础，以地理信息系统及其辅助工具、数据分析系统及信息表达系统为手段，实现对土地利用总体规划的分析、计划、组织、协调和管理控制等功能。

整个土地利用规划空间决策支持系统将 GIS 系统所具有的空间数据分析和管理功能、空间数据库系统所具有的空间数据存储功能、DSS 决策支持模型所具有的分析、评价、预测、模拟、决策等功能，以及 ES 系统所具有的知识和推理机功能等集成起来，而形成的一个复合系统。整个系统可以表示为

$$CLUPSDSS = GIS + DSS（即 MBS + DWS（即 DW + OLAP + DM））+ ES$$

式中，CLUPSDSS 为土地利用总体规划空间决策支持系统；GIS 为空间分析和空间数据库，处理空间化问题；DSS 为使用数据和模型，处理结构化问题；ES 为利用知识和推理，处理半结构化和非结构化问题。

DSS 中包括 MBS 和 DWS。①MBS 功能。模型库系统和数据库系统的结合，是决策支持的基础，为决策问题提供定量分析（模型计算）的辅助决策信息，可以实现多个广义模型的组合辅助决策。②DWS 包括数据仓库 DW、在线分析 OLAP 和数据挖掘 DM，主要实现从土地利用规划信息系统数据库数据源或其他多种数据源中抽取、转换和加载数据，并进行分析和综合。其中，

DW 实现对决策主题数据的存储与综合；OLAP 和 DM 是数据仓库的具体应用部分，OLAP 实现多维数据分析；DM 完成从数据库和数据仓库中挖掘知识，与专家系统（ES）相结合，将其放入专家系统的知识库中，通过知识推理达到专家系统定性分析的目的。DWS 可以实现面向各主题的决策分析和数据挖掘，并将各种决策分析的结果以多种形式表示，如统计报表、决策分析报告、专题图、数据文档等（陈建海等，2006）。

整个系统由两个核心部分构成：土地利用规划信息系统和空间决策支持系统。其中，土地利用规划信息系统，主要实现以下功能：①基础功能；②土地利用总体规划成果管理功能；③土地利用总体规划实施管理功能；④土地利用总体规划信息服务功能；⑤土地利用总体规划公众参与功能；⑥土地利用总体规划系统维护。

而土地利用规划空间决策支持系统，主要实现以下功能：利用空间数据仓库及其管理系统、模型库及其管理系统、方法库及其管理系统、知识库（包括理解特定领域问题的"知识"，以及解决这些问题的"技能"）及其管理系统和专家系统，运用相关知识，选择相应模型和数据挖掘方法，实现对土地利用现状数据的分析、预测、评价、方案择优、规划实施监测等土地利用总体规划一体化决策。

整个决策系统最终要实现功能有：整个系统的基本信息管理和系统安全等；面向决策管理层，提供规划决策方案；面向专业人员，提供规划编制与修编工作；面向社会公众，提供信息服务、参与规划修编与监督。

2.4.3　系统设计原则

从土地利用总体规划的业务需求与功能需求出发，依据信息系统理论、决策支持系统理论和系统设计的一般原理，土地利用总体规划空间决策支持系统设计应该遵循以下原则：

1）数据共享原则。依据国土资源部和原信息产业部的有关标准，尽量用标准语言编程，与硬件有关的部分应尽量少且独立，保证系统的源代码能在各个硬件平台间移植；考虑各个部门的需求，软硬件环境、模块和数据库设计尽量考虑其通用性，同时考虑运用数据仓库、面向服务的结构和组件、Internet等技术手段，使系统的体系结构具有良好的可扩展性，采用模块化结构和面向对象技术相结合的设计方法，能与其他系统（如土地利用动态监测、建设用地管理、地籍管理等）之间无缝集成，使数据能为各部门、各信息系统、政府各部门及社会各行各业所接受和使用。信息资源共享的重要途径是网络化，发挥数据网络共享、分布式处理等优势，建立高速的主干网络平台，实现土地信息的网络互连。

2）数据集成原则。系统需要实现资源调查、数据处理、数据更新入库一体化，实现"栅格—矢量—属性"数据管理一体化，实现 GIS、RS、GPS 等多"S"一体化集成；建立一个完善、优质和高效的基础地理空间数据管理与服务体系。并在数据库的基础上，实现空间要素图形与属性的一体化管理。

3）支持科学决策原则。建立科学、规范的决策体系，完善数据的分析与评价模型，重视数据的挖掘，为合理利用土地资源提供有效的分析数据和结果。

4）信息社会化服务原则。充分利用信息技术发展的最新成果，如采用关系数据库管理空间数据、WEBGIS 的应用、OpenGIS 规范及空间数据互操作（interoperability）等，为公众提供专业、详细的各类需求信息，服务于社会公众；采用 Client/Server 结构，从硬件、软件、数据库到应用模块的开发均要求实现网络化，并尽最大可能到采用 Intranet/Internet 模式，任一远程用户可通过网络与之相连。内部 Intranet 通过局域网相连，实现内部办公网络化；外部通过 CGI、Server API、Plug-in、Java Applet、ActiveX 等方式通过 HTTP 进行访问，网络浏览器一般使用 Microsoft Internet Explorer。数据库可存在于服务器上或分布在各网络节点上，客户机或服务器可进行土地信息的空间查询或分析。

5）信息安全化原则。系统的安全性是极其重要的。简单地说，安全性必须考虑两个方面的问题：一是系统必须具备足够的安全权限，使非法用户无法操作系统，保证数据不被非法访问、窃取或破坏；二是系统要具备足够的容错能力，确保合法用户操作时不至于引起系统出错，充分保证系统数据的逻辑准确性。

在土地利用总体规划空间决策支持系统中，用户是系统最终的鉴定人，也是系统的使用者和管理人。系统要从用户的特征入手，保证在开发全过程中用户不断参与，使系统实用、高效、灵活。同时，系统要最大限度地满足土地利用总体规划业务与动态监测的需求，为土地管理部门提供科学分析和辅助决策。具体包括：界面友好、易于使用、便于管理维护、数据更新快捷和系统升级容易，具有优化的系统结构和完善的数据库系统，具有与其他系统数据共享、协同工作的能力，达到业务人员能够容易操作的要求，实现所有土地管理业务信息处理的计算机化，逐步提高业务管理的自动化程度。

2.5　土地利用总体规划空间决策支持系统开发模式

目前，相关信息系统的开发表明，GIS 与 DSS 集成主要有两种形式（张卫建等，2000；郑文钟等，2005）。

2.5.1　自主开发模式

利用计算机语言，重新开发一个集空间分析和决策支持于一体的 SDSS 系统，即自主设计空间数据的数据结构和数据仓库、模型库、知识库以及方法库，利用 VB、VC 等可视化编程语言从底层开发空间决策支持系统的平台和各功能部件。其特点是程序冗余少，模型和空间数据库管理系统使用唯一的数据结构，系统运行稳定，效率较高，是开发 SDSS 一种最基本的方法。但这种方式的开发周期较长，工作量巨大，且对科研实力和开发费用要求较高（郑丽波，2004）。

2.5.2　GIS 与 DSS 集成技术

将 GIS 的空间数据管理功能与决策模型的分析、评价、预测、模拟、决策等功能组合起来，构成解决某一决策问题的 SDSS，充分利用了现有信息技术资源，可缩短开发周期，降低费用，便于系统升级和维护。就具体集成方法而言，应视研究者的计算机应用水平和软、硬件设施等条件而定，可分别采用松散型集成、镶嵌型集成和动态链结型集成三种方式（图 2-9）。

（1）松散型集成方式

松散型集成方式如图 2-9 中（a）所示，是根据决策目的，选购一套 GIS 系统，把该 GIS 与研制者拥有的决策支持系统（DSS）结合。GIS 与 DSS 是各自独立的，彼此通过输入/输出（import/export）功能进行信息交流，系统没有统一的数据结构和操作界面。GIS 系统与空间模型库系统通过文件系统（如 ASCII 格式或二进制格式文件）来交换信息。模型系统库与地理信息系统相互并行、独立，各自拥有独立的数据结构和用户界面，它们之间通过文本书件等中间文件，或相互提供读写标准实现相互数据通信。决策时，用户通过调用 DSS 的应用模型进行决策分析，决策成果以 DSS 的数据格式保存。然后，再调用 GIS 系统，手工输入决策支持系统的成果数据，或通过 GIS 的输入功能将成果转化为 GIS 能处理的数据格式，与空间数据结合，实现数据地图化。

这种集成方式是通过文件交换途径来实现数据共享，是一种最简单的集成。其优点是模型与 GIS 双方都不受到对方的约束，可以拥有各自的数据结构、分析过程和用户界面，因而，可以发挥各自的优势，灵活性较强，且往往不需要太多的编程等改造工作。其不足之处是、系统结合松散，操作不方便；系统间存在数据冗余，相互之间转换使得效率降低，也容易出错；缺乏统一界面，系统性较差；对于空间分析等模型来讲，实时计算的可视化难以实现；此外，通过二进制格式文件进行松散耦合的方式依赖于 GIS 软件与空间模型库软件可以共享的文件形式种类。

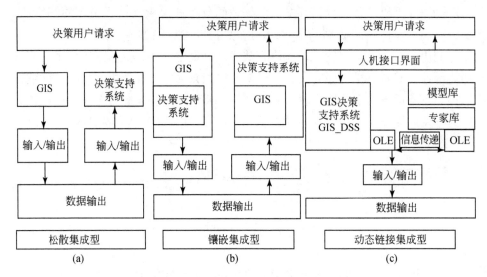

图 2-9　GIS 与 DSS 的集成形式

（2）镶嵌型集成方式

镶嵌型集成方式如图 2-9 中（b）所示。一般是以 GIS 或 DSS 为载体，另外一个为附件镶嵌在载体中。根据载体不同，又可以分为两种情况：

一是以 GIS 为载体。若以 GIS 为载体，则可利用 GIS 提供的二次开发语言（如 AML 等宏语言）或者脚本语言（script language）在 GIS 平台上开发空间分析模型，而后利用 OLE（对象链接或嵌入）或 DDE（动态数据文换）等方式来利用 GIS 的空间数据库管理和空间数据显示功能，将这些决策模型直接镶嵌到 GIS 中，所形成的系统具备较强的空间分析功能，但决策支持能力较弱。但这种方式也有其局限性和不足，一是虽然 GIS 开发商普遍提供了二次开发语言，且功能也愈加强大，但是对于较为复杂的模型的构造能力仍较为有限；二是这种基于二次开发语言开发的集成系统运行效率普遍较低；三是对于动态模型来讲，由于现有 GIS 系统没有动态分析能力，二次开发语言也不提供对内存和缓冲的操作，因此，每次循环得到的模拟结果常常要存入磁盘文件，故动态功能的实现较为困难，即使实现了，通常其实时计算的动态效果也并不太好，尤其是对于实际应用中的大数据量情况则更是如此。

二是以现有的 DSS 为载体。一般是用开发 DSS 所用的计算机编程语言来编制一些空间分析模块，或直接调用 GIS 所携带的一些控件，将 GIS 所具备的部分功能直接镶嵌到决策支持系统中。通过扩展其支持空间分析与图形查询的能力，并增加图形管理功能。这样构造的 SDSS 的基本结构与一般 DSS 相同，只是在模型管理和数据管理中增加了有关图形查询和空间分析的功能，并建立一个图形数据管理系统管理有关视图的操作及其他系统交换图形数据，同时为了使系统能够正确区分各命令处理对象（图形、文本和模型等），在系统中增加一个命令处理系统，该模块将用户的菜单选择、模型对数据（文本和图形）的调用以及各种图形操作和查询处理例化为一定的命令序列，再分给各种功能部件处理，并将处理结果回送给调用者。这一镶嵌所形成的系统具备较强的决策支持能力，但空间分析功能较弱。

这两种镶嵌型集成方法所产生的系统，集成程度高，系统结合紧密，但系统整体功能不强。

（3）动态链结型集成方式

动态链结型集成方式如图 2-9 中（c）所示，是基于目前一些计算机语言和 GIS 所出现的新功能，基于具备 OLE（对象链接嵌入）Automation 功能的 GIS 和可视化程序设计语言而设计的一个统一的人机界面，实现对 DSS 决策分析模块中的应用模型的调用和 GIS 地图功能菜单的操作。所以首先要选购一套具备二次开发和 OLE 功能的 GIS，重新设计一个统一的人机界面和调用决策分析模块等应用模型的功能菜单，并将一些简单的决策分析模型镶嵌到 GIS 中去。再利用一些具有 OLE 功能的计算机程序语言（如 VC^{++}、VB 等），把一些复杂模型转化为可执行的计算机程序。最后通过编程语言和 GIS 的 OLE 技术，将 GIS 和复杂的应用模型链接在一起。这样集成的系统，既采用了镶嵌技术，提高了系统的集成程度，又采用动态链接技术，保持了 GIS 的强大空间分析和决策支持功能，提高了系统的整体功能，是系统集成方法中的最佳选择。

根据土地利用总体规划业务需求和地理信息系统二次开发相关理论，土地利用总体规划空间决策支持系统将采取图 2-9（b）所示的模式，即将系统中由完成决策支持模型的 Mtalab、MATCOM 及其组件完成的程序，编写为 DSS 模型库组件，将其与专家知识库和相关文献库等镶嵌到空间信息系统 Map-GIS6.7 的组件上，将 Microsoft SQL Server 2005 作为其后台的数据库和数据仓库，DSS 中的数据挖掘前端采用 SPSS 公司的可视化挖掘产品 Clementine 作为挖掘工具，其他 DSS 组件与 GIS 组件将采用动态链接的方式集成。

2.6 土地利用总体规划空间决策支持系统开发技术

土地利用总体规划空间决策支持系统的设计，既要考虑决策者的偏好，能为决策者提供多种决策方案，又要集成 GIS 的空间分析功能，具有界面友好、使用简便、可靠性强、通用性强和评价方法先进等特点，能满足土地利用总体规划的要求（夏敏等，2006），县级土地利用规划修编信息系统主要动态链接型集成方式，实现一体化集成，即通过模型库系统中提供的较为完备的模型接口函数实现其与系统空间和属性数据的连接。

其中选择 MapGIS6.7 作为 GIS 平台，利用其组件建立空间数据库、进行空间数据分析和管理，实现空间基础数据和信息的可视化管理与查询，用户可以方便地维护数字化图件的拓扑结构，确保空间数据结构的准确和完整；以 Visual C^{++}6.0 为开发工具，采用类库开发与动态链接库相结合的方法；以 MATLAB7、MATCOM4.5 等作为数据建模工具；以 Microsoft SQL Server 2005 作为数据库及数据仓库，对数据进行集中、科学、有序的管理，所有工作人员面对相同的数据库，具有很好的数据一致性和完整性；Microsoft SQL Server 2005 与 SPSS Clementine 结合，作为在线分析工具（OLAP），将 Microsoft SQL Server 2005 中的 Analysis Services 和 Clementine 集成，进行数据分析与挖掘。

具体方法是先将模型库中的模型设计成统一规范的接口，以便使整个系统的模型与数据及模型与模型之间进行数据的无缝对接、实现系统功能间相互共享；其次，在系统中引入数据转换器，当进行多源数据访问时，可以通过转换器将不同类型的数据转换成统一规范的格式。这样，规范的数据能通过规范的模型接口进入模型（邵晖等，2003），具体可以采用统一标准的组件（COM）方式在服务端不同各层次上集成 GIS 与 DSS 功能。应用服务器以 GIS 为调用框架，调用 DSS 提供的组件函数完成 DSS 操作功能，支持功能的柔性组合。

COM 作为一种工业标准的接口协议，将 SDSS 基于 COM 技术紧密地结合在一定程度上平台独立的系统之中，该系统称为智能化的 ISDSS（intelligent spatial decision-making support system）（Leung，1997），COM 的采用使系统建立及其应用的效率大大提高，各个组成部分结合更紧密（Dale，1997；Li et al.，2005；Zhang et al.，1998）。由于采用了 COM 作为接口标准，建立的系统具有很强的灵活性、可扩张性、可重用性及适当的智能特性。

2.7 本章小结

本章在分析 GIS 与 DSS 集成的必要性与可行性的基础上，探讨了下面问题：

1）土地利用总体规划的业务需求和功能需求分析表明，信息系统与决策支持系统有机集成的空间决策支持系统是解决土地利用总体规划问题的必由之路。

2）土地利用总体规划空间决策支持系统的设计应该遵循数据共享、支持科学决策、信息社会化服务、信息安全化等原则。

3）从县级土地利用总体规划的总体目标出发，为了实现其总体功能，本书对系统的功能框架、逻辑框架和数据框架进行设计。

4）针对土地利用总体规划决策支持系统的开发模式，本书依据土地利用总体规划业务需求和地理信息系统二次开发的实际，将系统中由 MATLAB 程序编写的 DSS 模型库组件、专家知识库和相关文献库等嵌套到 MapGIS6.7 的平台上，将 Microsoft SQL Server 2005 作为其后台数据库和数据仓库，DSS 中的数据挖掘前台采用 SPSS 公司的可视化挖掘产品 Clementine 作为数据上载、分析和挖掘工具，DSS 组件之间与 GIS 组件之间主要采取动态链接的方式集成。

第 3 章
县级土地利用总体规划信息系统

空间信息系统是土地利用规划空间决策支持系统的一个重要组成部分，是实现空间数据收集、传递、储存、加工、维护和使用的系统。研究其架构、功能及其在所集成系统所扮演的角色，对于整个土地利用总体规划空间决策支持系统功能的实现至关重要。

3.1　土地利用总体规划信息系统概述

3.1.1　土地利用总体规划信息系统的内涵

土地利用总体规划信息系统是指由人和计算机组成的信息收集、传递、储存、加工、维护和使用的系统。它以土地利用规划理论为基础，通过土地利用现状和土地评价因素分析，将规划理论与计算机技术结合起来，对土地利用规划的基础数据、资料进行存储、管理，依据一定的数学模型和数学方法进行相关的预测，并对土地各种利用类型进行合理统筹与布局的信息系统（冯亚飞，2007）。其优点是：把孤立的、零碎的信息变成了一个比较完整的、有组织的信息系统，不仅解决了信息存储的"冗余"问题，而且提高了信息的效能。

土地利用总体规划管理信息系统建设的基本任务是，建立土地利用规划数据库，利用地理信息系统（GIS）、局域网和远程通信网，建立各级土地利用规划数据网络体系，实现对规划数据的有效管理和充分利用，实现土地利用规划成果管理、规划编制与审批以及规划实施管理的信息化、网络化（国土资源部，2002），提高工作效率和数据的准确性、科学性、实时性，为提高规划管理水平提供技术支持（吴洪涛等，2001）。

3.1.2　土地利用总体规划信息系统的目标

土地利用总体规划信息系统是一种集地理空间特征和各种属性信息、统计信息为一体的特殊信息系统（王宝珍，2000），以地理信息系统技术为核心，以计算机网络为传输载体，采用可视化技术，在建立土地管理基础信息库的基础上，紧密结合土地管理的业务流程，实现土地信息的窗口式办公、自动化管理，并为用户提供一个良好的决策支持平台（吴信才，2002）。

3.2　土地利用总体规划信息系统构成

依据国土资源部《国土资源信息化工作标准（县级土地利用规划管理信息系统建设指南)》以及县级土地利用规划管理的业务实际，土地利用总体规划管理系统采用流行的三层结构设计，即用户界面层、业务逻辑层（中间层）、数据服务层。在三层结构中，用户界面层涉及系统界面的表达、与用户的交互工作，如规划图形数据的显示、浏览，各种查询统计结果的图表显示、规划审查办公业务信息的录入等；而业务逻辑层是系统处理业务逻辑的核心，其主要功能是接受用户界面的服务请求、与数据服务器进行数据交互、提供给客户端所要求的空间数据和属性数据，以及根据客户端的请求进行复杂数学运算和事务处理（如空间查询、分析，业务数据流转处理等）；而数据服务层则负责整个系统的空间数据和属性数据的管理工作（冯亚飞，2007；夏明存，2007；徐世武和刘秀珍，2006）。

3.3　数据库及其系统

数据库是任何信息系统的核心部分，随着计算机技术的发展，数据库在软件开发中非常重要，在建立土地信息系统中存在大量的空间数据。目前土地利用总体规划数据库设计标准如表3-1所示。

表3-1　土地信息系统数据库建设标准

编　号	名　称	颁布单位
GB/T 17798-1999	《地球空间数据交换格式》	国家技术监督局
GB/T 2260-2002	《中华人民共和国行政区划代码》	国家统计局
GB/T 7929-1995	《1:500、1:1000、1:2000 地形图图式》	国家技术监督局
CH 5002-94	《地籍测绘规范》	国家测绘局
CH 5003-94	《地籍图式规范》	国家测绘局
GB/T 17160-1997	《1:500、1:1000、1:2000 地形图数字化规范》	国家技术监督局
GB 1480-93	《1:500、1:1000、1:2000 地形图要素分类与代码》	国家技术监督局

编 号	名 称	颁布单位
〔1997〕国土〔规〕字第 140 号	《县级土地利用总体规划编制规程（试行)》	国家土地管理局
国土资厅发〔2005〕95 号	《土地利用总体规划修编中土地利用现状数据确认技术规范》	国土资源部办公厅文件
2002 年 6 月	《县级土地利用规划管理信息系统建设指南（试行)》	国土资源部

土地利用总体规划数据库的建立是土地管理信息化的基础，只有按照统一的规范、通过科学的方法采集、存储和管理，才能实现信息的快速查询、检索、修改更新、统计制表、分析预测和辅助决策（陈述彭和赵英时，1990）。

土地利用总体规划数据是土地信息管理最为重要的基础数据之一，规划数据库的建设不仅是规划成果的存档与管理，而且要满足规划实施管理以及其他地政管理的需要（郑建敏，1999）。

3.3.1 数据类型

土地利用规划信息管理系统中数据主要有空间数据和非空间数据，空间数据包括矢量图形数据和栅格影像数据；非空间数据包括属性数据、统计分析后获得的数据、文档数据、元数据。其数据组成结构如图 3-1 所示。

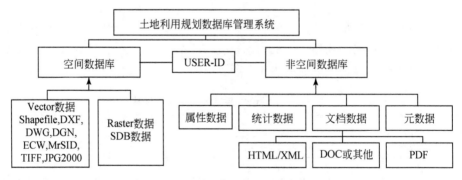

图 3-1 土地利用信息管理系统数据分类

（1）空间数据可以分为矢量数据与栅格数据

1）矢量数据包括基础地理要素和土地利用规划与用途管制数据。

基础地理要素主要包括图幅、测量控制点、行政区、行政境界、等高线、高程点、权属单位、权属界线以及权属界线拐点、自然要素（坡度、地形地貌、土壤、气候、水文、植被、水系）等图件。

土地利用规划与用途管制数据：土地利用规划图是在土地利用现状调查的基础上形成的，因此土地利用调查数据是土地利用规划与土地用途管制的主要数据基础。在此基础上，土地利用规划还有一些专题图层。主要包括土地利用现状图、土地利用总体规划图、土地利用分区图、基本农田保护区图、土地利用复垦整理图以及土地利用年度计划图、建设用地图、补充耕地图等。

2）栅格数据包括遥感影像数据和数字高程模型。

遥感影像数据：按照其平台分为航天遥感资料数据和航空遥感数据。航天遥感资料主要是 TM、SPOT、NOAA-AVHRR 等。近年来，随着光谱、多波段、高分辨率影像的出现，如法国 SPOT5 和美国 IKONOS、QUICKBIRD 卫星影像的地面分辨率分别达到 2.5m、1m、0.61m，遥感数据在土地利用规划中的应用越来越广泛。遥感影像数据作为土地利用数据更新的一个主要信息来源，同时用于与矢量图形的叠加显示。

DEM 数据，即数字高程模型（digital elevation model，DEM），是地形表面形态属性信息的数字表达，是带有空间位置特征和地形属性特征的数字描述。它不仅包含高程属性，还可以派生出其他的地表形态属性，如坡度、坡向等，可以为综合分析提供高程、坡度、坡向等基本分析因子，还可以进行内插分析和真三维显示。

（2）非空间数据包括属性数据、统计数据、文档数据和元数据

1）属性数据是与土地资源管理紧密相关的非空间数据，反映土地利用中一些非几何特征的基本数据，如土地权属、土地类型、土地用途分区等。土地利用总体规划管理信息系统中涉及的属性数据很多，既包括土地利用自身的信息，也包括与土地利用相关的自然、社会、经济、环境等信息，如气候条件、地质构造、灾害条件、产业结构、土地利用现状、农业生产条件、社会发展战略、人口状况等。主要包括以下四大类数据：

①土地利用现状数据：如气候、地形、土壤、水文数据，图斑的地类号、面积、坡度等级等图斑属性。土地类型、土地面积、土地位置、土地权属、使用年限等数据。

②土地变更数据：包括土地报批数据与土地变更数据，有原用地类型、变更后用地类型、用地位置、用地面积等数据。

③指标控制数据：包括建设占用耕地指标，土地复垦开发指标，基本农田保护区指标等数据。这些数据用来进行耕地供需分析、复垦开发进度分析。

④社会经济数据：反映土地生产率和土地利用的投入水平和管理水平以及土地区位条件的数据，可持续利用评价的发展、环境数据也有一定程度的考虑

（夏敏等，2006）。主要数据包括人口、国民生产总值等指标。

2）统计分析数据是指土地利用现状数据基础上经统计分析获得并存储于数据库中，以便进一步分析，为决策提供服务，主要是指各种土地统计台账和土地利用规划统计报表等。

3）文档数据主要有专家知识文档、规划文档资料（包含土地利用总体规划和专题研究文档、规划调整文档、说明书和专题报告等）、土地利用年度计划文档以及建设用地项目与补充耕地项目的文档资料。主要包括：县级土地利用总体规划规程、土地利用数据库建库标准、土地利用调查规程、土地管理法，以及土地利用规划现状报告与土地利用总体规划报告等（陈奇等，1999）。

4）元数据是描述数据的数据。它记录数据来源、精度、投影方式等，用于对数据的说明，是关于数据的数据，包括字段描述表和枚举字段的字段值的描述表等。在进行数据库设计时，按照国家和地方的有关标准和规范，制定数据（空间数据与非空间数据）的分类和编码标准，建立元数据（metadata）库。元数据库的建立使数据共享成为可能，同时能够保证为决策提供现势强、准确度和精度高的信息。

3.3.2　数据组织

（1）数据源

数据源应包括基础地理信息、土地利用现状图、土地详查数据、土地变更信息以及社会经济统计数据。

（2）数据采集

数据采集是 GIS 的关键之一，数据获取方案技术路线如图 3-2 所示。

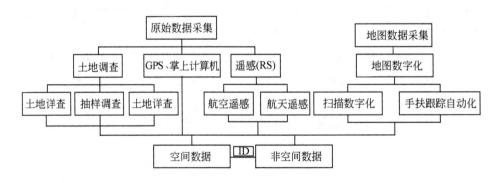

图 3-2　数据获取方案技术路线图

空间数据的采集。GIS 提供的空间数据采集形式有：数字化仪输入（扫描数字化、手扶跟踪数字化）；GPS 输入；屏幕光标数字化及键盘录入和其他数据源的直接转换等采集方式（王建弟，1999）。栅格数据可以通过遥感影像（航天遥感与航空遥感）获取。

属性数据的采集。系统一般采用人机交互式的键盘录入方式进行输入。

（3）数据处理

数据处理包括数据转换、数据标准化、数据校正、数据编辑、图形整饬、误差消除、坐标变换、数据入库等，过程如图 3-3 所示。

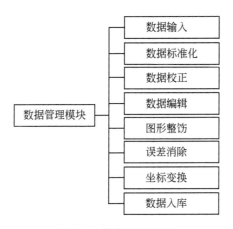

图 3-3　数据处理过程

数据转换：通过外部数据源如遥感数据获取；或通过系统数据转换所接收的多种外部数据文件，如以 ARC/Info、MapInfo 或 MAPGIS 等软件为依托所采集矢量数据文件，以 tiff 等格式记录的栅格数据文件，或 ACCESS 等关系数据库数据等，并提供数据更新功能；部分土地管理部门在地籍管理中所使用的 AutoCAD 等软件数字化图件，为节省时间和成本，也可以运用 GIS 软件的相关功能调入转换为可供系统使用（夏敏等，2006）。

数据标准化：由于获取数据的途径不同，加上获取数据的时间和手段有一定的差异，所以数据结构、格式及规范可能不尽相同，在进行系统设计时要求做好异元数据的标准化处理，即建立统一的数据格式、编码和命名原则。对于属性数据，由于不同年度社会经济统计指标、指标单位等略有差异，且较长的时间内，行政单元或许有所变化。因此，建库之前的数据也要进行分析、整理与标准化。

在 MapGIS6.7 中，数据转换主要通过图形编辑子系统及投影变换、误差校正、镶嵌配准、符号库编辑等子系统来完成。

为了达到数据共享，首先要对规划所需的数据进行统一分类、统一编码。

（4）空间数据与属性数据的组织

土地利用规划信息管理系统的主体是规划成果数据及相关的数据，且土地规划数据具有多源、多维、多时态、多尺度、海量等特征，在数据采集和处理完成以后，数据的组织管理得是否合理将对数据库系统的实用性产生很大的影响。在数据库系统的设计中，组织、管理好空间数据和属性数据并确保空间数据与属性数据的密切配合是反映数据库能力的重要标志。

在数据的组织管理方式上按行政区域，再按照区域所涉及的图幅数据类别进行。首先系统以行政区划为数据管理单元，主要分县、乡（镇）、村三个级别，最小单元为行政村，各行政村的基础数据存放在不同的数据库表中，系统通过内部的索引，自动由独立的村数据生成乡（镇）数据和县数据（赵锦域和张丽萍，2004）。其次，按照数据分类，将其分为基础地理数据（点、线、面）、土地利用现状数据、土地利用规划数据、注记及整饬数等，如图3-4所示。

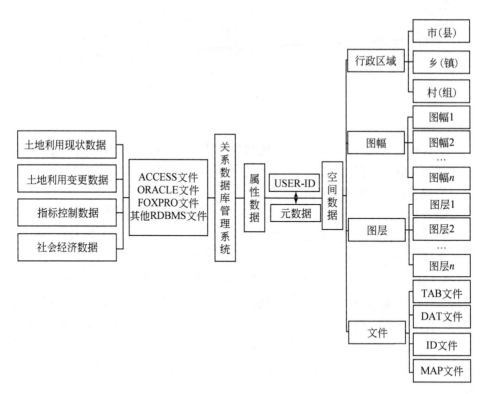

图3-4　属性数据与空间数据的组织与关联

（5）空间数据与属性数据的关联

空间数据与属性数据一一对应，空间数据和属性数据通过共同的识别符ID连接起来，这样就可以对图形、属性数据进行统一管理，实现图形、属性数据的快速双向查询检索（程雄等，2002）。

属性数据的编码是实现属性数据与空间数据匹配的关键。属性数据作为一个独立的关系表储存，并对应其相关的空间单元，通过一系列的标识码（ID），将属性数据与相应的空间数据连接。由于获取属性数据的时间和手段上的差异，客观上会造成数据格式和规范上的差异。所以必需对其进行标准化处理，建立统一的编码和命名原则。

把空间数据和属性数据存入数据库中，在 WEB 服务器端通过 ASP 环境执行 SQL 查询语句对数据库中的数据进行操作。这一过程通过 ADO 对象来实现。ADO（active data object）是为数据库存储支持特别设计的一种特殊的 ASP 组件类。ADO 对象允许直接地访问数据库和其他数据源，它主要包括以下几个内建对象：连接对象（connection）、命令对象（command）、记录集对象（recordset）。

SQL 语句查询的算法设计。SQL（structure query language）是一种结构化查询语言，它嵌入诸多的编程语言中，实现对数据库中数据的查询。对于本系统主要是用到 SQL 中的 Select 查询语句。它是一种"说明性语言"，因为它注重的是结果而不是过程，它可以详细说明结果的外表特征（钟永友和刘刚，2004）。

3.3.3　土地利用总体规划数据建库流程

土地利用总体规划数据建库流程包括以下步骤（图3-5）：①工作准备和资料预处理；②数据采集；③数据整理；④数据质量检查；⑤数据入库；⑥数据库更新。

数据建库内容包括矢量数据建库、栅格数据建库和属性数据建库。对于矢量数据，若土地利用数据是 CAD 格式，要经过转换后，按空间数据分层进行分层要素提取；然后进图形编辑（面状要素的检查、去悬节点等），对相应要素赋属性值；数据检查包括拓扑检查、逻辑一致性检查、属性检查等，检查无误后通过 GISTOOLS 转入关系数据库（Oracle、SQL Server）。影像数据要经过几何纠正；然后通过选择控制点坐标进行坐标匹配，将匹配后的影像压缩成 ECW 文件，拼接成更大区域的影像文件。利用等高线和高程点层生成 TIN，最后生成 DEM 文件。

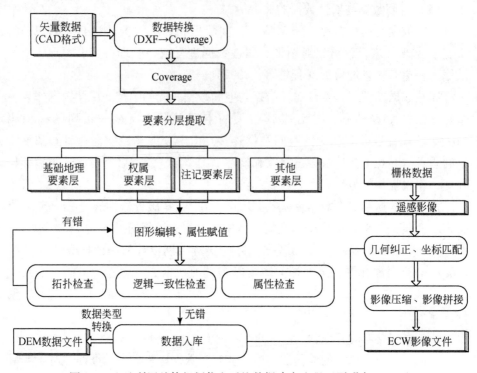

图 3-5　土地利用总体规划信息系统数据建库流程（夏明存，2007）

土地利用总体规划数据库成果主要有：①土地利用现状数据库；②土地利用规划数据库；③土地整理复垦开发数据库；④基本农田数据库；⑤用地指标数据库；⑥基础地理数据库；⑦办文信息数据库；⑧参考信息数据库（赵锦域和张丽萍，2004）。

3.3.4　数据管理

3.3.4.1　实行数据建库质量控制

数据质量控制包括两部分：一是初始建库时数据质量控制，在建库流程中已经介绍；二是在数据更新和数据编辑过程中的数据质量控制，主要通过系统提供的功能来实现。如通过面积平差计算来控制面积，通过对象之间的空间相互关系，进行拓扑检查（相邻图斑是否重叠、有空隙）等，另外在编辑或更新过程中尽可能减少人工输入，利用系统自动完成，减少人为错误操作或输入对数据质量的影响。

3.3.4.2 采用关系数据库管理数据

系统将采用关系数据库管理空间数据和属性数据，因为关系数据库具有海量数据管理、并行查询能力、多线程客户访问机制、事务处理（transaction）、记录锁定、数据仓库、对象技术的支持等功能，不但可使空间数据与非空间数据一体化集成，而且由于采用关系数据库管理空间数据和对象 GIS 模型，可较好地解决海量存储和历史数据的管理问题，实现多人多方案制作的全数字化规划管理。

（1）空间数据管理技术

随着 GIS 技术的不断发展，采用关系数据库或对象关系数据库管理空间数据是其新的趋势。例如，目前国内外的 GIS 软件中，SuperMap 的 SDX、ESRI 的 SDE 和 ArcSDE、Oracle 的 Oracle Spatial、Informix 的 Spatial Datablade、MapInfo 的 SpatialWare 等，构成了 GIS 服务器，可以充分利用 RDBMS 数据管理的功能，运用 SQL 语言对空间与非空间数据进行各项数据库的操作，同时利用关系数据库的海量数据管理、事务处理、记录锁定、并发控制、数据仓库等功能，使空间数据与非空间数据一体化集成，实现真正的 Client/Server 结构。

数据接口技术系统数据库平台可以采用 Microsoft SQL Server 2000，数据访问技术在整体上采用了空间数据库引擎（spatial data engineering，SDE）和数据访问接口技术 ADO。SDE 采用 Client/Server 体系结构，大量的用户可以同时并发地对同一数据进操作。客户端负责数据结果的显示及用户请求的提交；SDE 服务器端负责响应和处理用户的请求；而数据库服务器负责数据的管理工作。所有的地图数据都放在服务器端，客户端只负责提出请求，所有的响应都在服务端完成，目前国内知名的 GIS 平台，如 MapGIS、Geostar、SuperMAP 等都开发了相应的空间数据库引擎。

（2）属性数据管理技术

采用 ADO（active data object，ActiveX 数据对象）技术，属于微软的通用数据访问（universal data access）的高层软件接口。它以 OLE DB 为基础，对 OLE DB 进行封装，通过 OLE DB 提供的 COM（组件对象模型）接口访问关系型数据库 SQL Server。

（3）数据库管理技术

数据库采用三库管理以及回溯表的方式来进行时空动态管理技术，将规划的图形数据库分为过程库、现时库和历史库，描述时空信息的三个域都存在于这三个库中，如图 3-6 所示。在业务受理过程中，时空信息数据暂时存储在过程库中，待输入信息确定后再入库到现时库，当变更业务数据入库时，原信息则转入历史库。入库的同时填写地块的回溯表，根据递归算法实现地块的回溯查询。查询的主要方式是依据时间点构建 SQL 语句（林婷等，2006）。

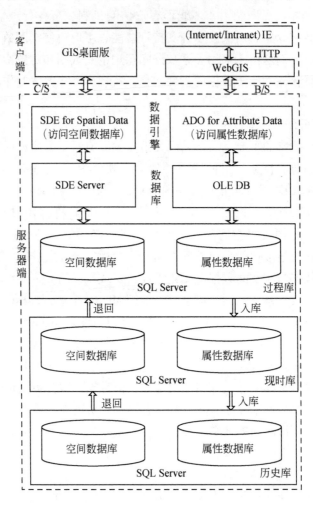

图 3-6　数据管理、访问层次结构图

3.3.4.3　数据库系统结构

　　鉴于土地利用总体规划业务的特点和规划决策支持系统的需求，土地利用总体规划数据库系统建设采用 C/S 和 B/S 相结合的结构，在局域网内包括服务器端和客户端两部分。服务器端存放所有的规划成果数据和业务办公数据，采用 Microsoft SQL Server 进行统一管理，空间数据通过空间数据引擎（SDE）加入关系数据库中，采用 GIS 软件进行管理。客户端通过对浏览器访问协议的扩展和采用 GIS 图形控件开发，整合 GIS 功能和 WEB 浏览器功能，实现了传统 GIS 应用与现代流行 WEB 办公业务模式的有机结合。系统的体系结构如图 3-7 所示。

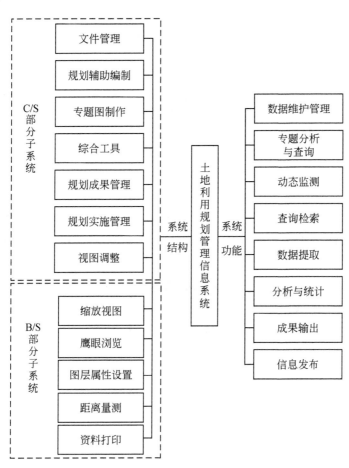

图 3-7　土地利用规划管理系统 C/S 与 B/S 结构与功能框图

　　C/S 部分主要是通过对数据的录入、地图的分析与编辑等功能，实现土地利用总体规划数据（包括图形数据和属性数据）的编辑与维护。通过 GIS 桌面版作为应用平台，除利用其提供的所有功能外，用户可以根据需要，定制许多特定的功能，实现更快、更方便的数据编辑维护工作，满足土地利用规划管理中图形的操作需求，实现专题数据分层分色、管理、查询、统计以及生成不同形式的视图等，为 B/S 服务作铺垫。

　　C/S 的主要功能包括：文件管理、规划辅助编制；对规划指标、用地布局等的局部调整；对规划实施成果图层信息进行叠加、专题图的提取入库；还包括图廓整饰、图层属性设置和页面设置等综合制图功能，数据视图和布局视图的调整，村镇地类查询与地类分类查询，复制、删除、撤销等综合工具以及规划成果管理等。

　　B/S 部分主要指用户在客户端利用 IE 浏览器对其子系统进行操作和浏览，采用 WEBGIS 来管理系统中的图形功能，达到空间数据、属性数据及其他业务信息无缝集成，实现图文一体信息化与网络化管理，最终实现土地利用总体规划信息的发布。

　　B/S 的主要功能包括：实现图层与属性交互查询、缩放视图、鹰眼浏览，还可图层属性设置、距离量测、规划统计资料打印等（周义等，2006）。

3.3.5　浙江上虞市土地利用总体规划数据库

　　在土地利用总体规划的数据库系统分析的基础上，现在对浙江上虞市土地利用总体规划的部分空间和属性数据采用 Microsoft SQL Server 2005 进行管理，如图 3-8 所示。

图 3-8　浙江上虞市土地利用总体规划数据库实例

其中，属性数据由 Microsoft SQL Server 2005 直接创建，空间数据通过 MapGIS6.7 创建，如图 3-9 所示。

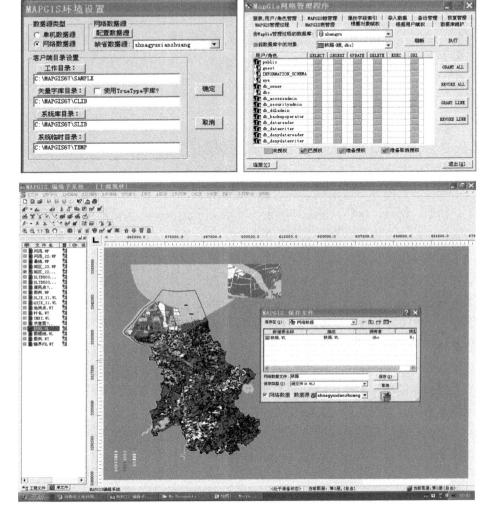

图 3-9　运用 MapGIS6.7 创建浙江上虞市空间数据库

3.4　基于 GIS 的公众参与规划及群决策信息支持技术

土地利用总体规划不只是一门融合多学科知识的综合性学科，更是一项具有鲜明社会目标导引及有众多参与者这两个特征的社会活动（王万茂和张颖，2003）。公众参与是土地利用总体规划必不可少的重要环节，不仅是规划的公告，还有规划过程，包括调查研究、提出规划供选方案、评议规划方案（并具有一定决策权)、共同参与决策及监督规划实施等土地利用规划的整个过程，公众参与最主要的目的是为了编制更好的规划方案以及便于规划的实施。加拿大《安大略土地利用规划规程》中指出，"公众参与并非指公众对既定方案作出反应，而是指规划区所涉及的公民参与规划的过程"（冯文利，2003）。目前，中国土地利用规划也逐渐形成了"政府组织、专家领衔、部门合作、公众参与、科学决策、依法办事"的规划机制。

3.4.1　公众参与规划的一般步骤

公众参与规划可分三个阶段，即规划编制前、规划编制中和规划编制后公众参与（郭红莲等，2007；陈玮等，2005）。

规划编制前，可通过报纸、公告、宣传册、传单、电视新闻媒体、问卷、入户访谈、网络、电话、通信等多种形式相结合的措施，多渠道广泛进行信息交流，营造一种良好的宣传沟通交流氛围，使公众清晰地了解情况，变被动接受为积极主动地反映自己的意见，真正将公众的意见收集上来进行研究，让市民参与讨论目标的确定。

规划编制中，可通过规划展览馆、规划公示厅、现场公示、网上公示、报纸公告、放映厅、沙盘模型、多媒体触摸屏、热线电话、网络在线等形式，让公众参与规划方案的制订、优选等，并邀请相关人士进行座谈或听证会，规划部门在收集各种意见和建议的基础上，制定出最终规划，并经过有关部门审批。

规划编制后，主要是指规划实施和反馈阶段，公众发挥监督作用，对不合规划要求的行为向法院或仲裁监督机构提出申诉。

通过三个阶段的工作，可为公众从宏观到微观全程参与规划提供多种机会和保障。

3.4.2　GIS 在公众参与规划中的作用

地理信息系统（GIS）作为强大的空间信息的采集、管理、处理、分析、建模、显示工具，在土地利用规划中有着较为广泛的应用，而将 GIS 应用到公众参与中不但是其应用的领域的进一步拓展，更重要的是为土地利用规划公众参与提供了有效、可靠和实用的技术手段。

GIS 应用于土地利用规划公众参与的主要功能有：

1）数据收集。GIS 能很好地将这些数据收集起来，建立起数据库，进行管理，融合地方知识和专家知识，辅助决策。

2）信息可视化。可视化是 GIS 辅助公众参与效果最为显著的手段，GIS 支持参与者的各种可视化操作，包括查询、统计、分析，同时收集参与者的反馈信息。

3）多媒体展示。多媒体 GIS 将文字、图形、图像、声音、色彩、动画等技术融为一体，以形象化的、可触摸（触屏）的甚至声控对话的人机界面操纵信息处理，以最直观的方式表达和感知信息。

4）空间分析。GIS 将这些往往只有专家才有能力进行分析的信息，以简单、形象的方式组织和表现出来，使得普通公众仅依靠一些浅显易懂的操作就能完成对复杂空间信息的操作，使其参与到规划决策中来成为可能。

5）提供 WebGIS 数据共享和互操作。WebGIS 与可视化、空间分析技术结合，可以利用空间数据生成专题图，进行空间分析，公众对规划的反馈信息也可以通过网络在规划过程中得到反映。WebGIS 还能为其他 GIS 技术辅助公众参与提供应用平台。

通过可视化技术，访问土地利用基础信息数据库，生成电子地图、虚拟场景等，让公众了解当前的土地利用状况；提供简单的数字绘图工具，让公众在电子地图上面预测未来城市扩张方向和范围，并将结果存入规划原型数据库，为专家提供参考；通过 WebGIS 发放网上问卷，在网上进行公众意见征集。

土地利用规划一般可分为规划准备、规划编制、规划审批和规划实施四个阶段。在不同的阶段，公众参与的内容和形式不尽相同，GIS 辅助公众参与的方式、涉及技术也有所差异，如表 3-2 所示。

表 3-2 公众参与规划与 GIS 在公众参与规划中的作用

规划阶段	公众参与内容	GIS 提供的信息	GIS 所起的作用	主要技术
规划准备	提出关注问题，贡献当地知识	基础地理数据，调查问卷信息	广泛调查公众的价值观、意向，从而确定规划的方向和目标	数据库技术 WebGIS 技术
规划编制	设计规划方案，评议规划方案	反映土地利用状况信息，提供进行简单空间分析的工具和数据	吸收公众对规划编制具体细节问题的建议，为公众对规划方案的评议和选择提供分析工具，激发公众参与意识，收集公众的反馈意见	空间分析 可视化技术 多媒体技术 WebGIS 技术
规划审批	审定规划成果，提出相应意见	规划成果，规划实施后的场景（地图、照片、视频）	展示规划成果，收集公众意见	可视化技术 多媒体技术
规划实施	监督规划实施	规划管理信息，实施状况信息	向公众公开规划实施的有关信息	空间查询 WebGIS 技术

3.4.3 基于 GIS 的公众参与规划方案设计

（1）设计思想

公众参与规划的理论源于 WHATIF 思想。它是一种形象化的发散型思维，是美国 Klosterman 教授和 ESRI 公司联合开发的可操作规划支持软件系统。随着探索性思维应用领域的扩大，人们把这种具体的思维模式提升为思想和方法，用以指导我们进行思辨性、逻辑性的决策支持。在国外，WHATIF 思想常常和情景规划（scenario planning）联系在一起，来分别表达我们对探索性决策支持的实现途径和预期结果，由此衍生出一系列规划支持系统的研究。WHA-TIF 引入到规划中，符合规划自身思辨性的特点，表达了这样一种思想，即如果关于未来的选择和假设正确的话（if）会出现怎样情形（then what scenario）？它不是为了追求准确地预测未来的唯一面貌，而是一个以多方案比选为导向的规划支持思想。

借鉴 WHATIF 思想，能够把规划的思辨性用一种条理性程式化、因果性的方式很好地表达出来，对于土地利用未来将会遇到的种种机遇与挑战，我们可以分门别类建立诸多 if 条件和假设，然后根据这些给出的前提和规则，来推断未来城市的面貌和特征。这种方法可以把复杂的规划问题肢解为一系列启发式的决策问题，为实现公众参与规划理念提供借鉴的途径（图 3-10）。

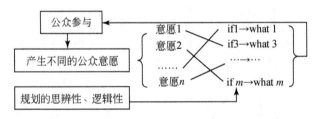

图 3-10　WHATIF 思想指导下的公众参与规划方式（李渊等，2006）

（2）总体结构

Richard 等（2000）在英国的 Slaithwaite 进行的基于网络的公众参与计划，被称为第一个成功的基于网络的 PPGIS 系统。这一系统提供了简单的 GIS 操作功能，让公众能够浏览规划方案以及相关地图资料。在意见的发表方式上，该系统采用的是以点选确定空间位置，然后辅以文字输入的方式进行补充和说明。借助这一思想，基于 GIS 的公众参与规划体系结构可分为三个部分：用户界面层、中间层和数据层。①用户界面层的任务是：用户通过它向服务器提出服务请求，服务器对用户身份进行确认后，把所需的内容传递给用户。用户界面层接受所传来的内容，并将其显示给用户。在用户获取该信息后，浏览器再将用户的反馈信息，发送到 Web 服务器。用户界面层是最重要的一部分，不仅要求实现各项功能要求，而且对于界面的设计力求友好亲切、简单易学、方便公众的使用。②中间层是具有应用程序扩展功能的服务器。它包含系统的事务处理逻辑，位于服务器端。它的任务是接受用户的请求，首先需要执行相应的扩展应用程序与数据库进行连接，通过 SQL 等方式向数据库服务器提出数据处理申请，而后数据库将数据处理的结果提交给服务器，再由服务器传送回客户端。③数据层的任务是接受中间层对数据库操纵的请求，实现对数据库查询、修改、更新等功能，把运行结果提交给 Web 服务器（裴春光等，2005；田志国和李斌，2007），总体结构如图 3-11 所示。

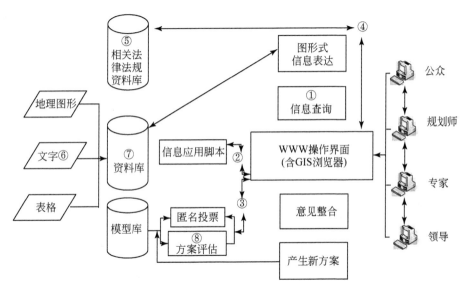

图 3-11　基于 GIS 决策结构图（张学圣，2002，有删改）
①规划图　②规划书查询　③计划评估与议决　④法规查询(关键字)　⑤相关法规资料库
⑥规划报告书(含民众意见)　⑦多媒体规划图　⑧多准则方案评估

（3）实现技术

基于 GIS 的公众参与规划是通过分布式、WebGIS、B/S 和 C/S 等来实现的。基于这些技术可以将分布在不同地域空间、不同平台和不同数据结构的地理信息按照系统化、结构化和一体化的运行机制，进行数据组织、管理、信息查询分析、信息成果发布等，用户可以实现远程空间数据调用、检索、查询、分析，具有联机事务管理（OLTP）和联机分析（OLAP）能力（郑丽波，2004）。WebGIS 技术的出现将通过网络为越来越多的公众服务，成为社会最基本的信息服务之一（常乐，2001）。

快速发展的 Internet 及日益完善的 WebGIS 为公众参与到空间规划过程提供了平台和技术保障。为此，结合 Internet、WebGIS 以及其他技术，设计一种基于 WebGIS 的公众参与规划系统框架，可为清除信息获取障碍、提升公众参与到规划过程的范围和程度提供一种解决方案（图 3-12）。其网络链接采用基于 Internet/Intranet 的系统（图 3-13）。在外部，采用 Internet 方案，运用 HTTP、TCP、IP、XML 等协议和标准链接；在内部采用 Intranet 方案，而远程的公众参与、查询和社会化服务采用 Internet 方案。在内部利用现有网络硬件、软件和服务器的基础上，采用诸如 TCP/IP、HTTP、LDAP、FTP、SMTP、HTML 等协议和标准，使之能够提供多种类似于 Internet 服务的内部网络，并且很容易地与 Internet 互连（图 3-14）。因此，内部需要发布的信息也可以很方便地在 Intranet 上发布（朱光，2001）。

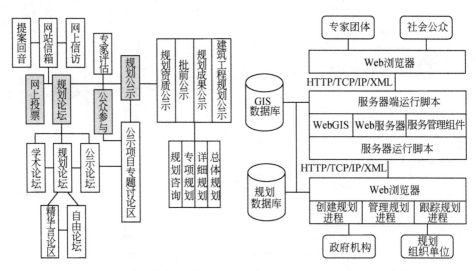

图 3-12　网上公众参与框架图　　　　图 3-13　基于 WebGIS 公众参与土地利用
　　　　　（关瑞华，2004）　　　　　　　　　　规划系统框架图

WebGIS 驻留在 Web 服务器上（包括 IIS 和 Apache Server）提供系统交互，建立与外部软件系统和数据源之间的连接，而其他部分的功能实现（包括邮箱系统、论坛、留言板、用户调查等）可以采用服务器端编码实现技术进行实现。这些技术包括 ASP、ASP. net、JSP、CGI、Servlet 等多种技术，用户可以根据自身需求选择合适的技术实现。同时，可以通过 WebGIS 服务器实现多源数据的访问，确保能够访问到更加全面的空间数据。远程规划参与者与本地规划参与者之间的协作交互所需文字和音频、视频传输要求，可以通过采用已

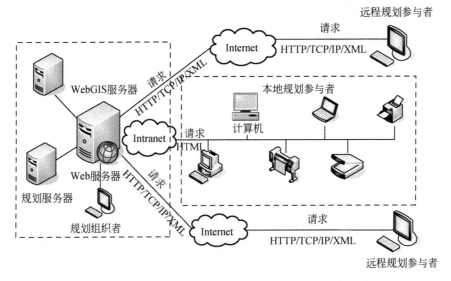

图 3-14　基于 WebGIS 公众参与土地利用规划系统框架网络图

经在网络中被广泛应用的配备摄像头和麦克风的即时通信工具来实现。

随着网络技术和 GIS 的发展，系统本身还应支持一些高级的、复杂的 GIS 功能，包括地图实时自动叠加、三维地理空间可视化表现、多指标空间分析、支持空间建模等，增强规划参与者对整个规划过程的理解和认知。服务端访问保护、数据加密、病毒防护、密码控制、活动监控日志，以及可接受的应用规则都是对这些问题的解决方案（张俊岭等，2006）。

3.5　土地利用总体规划信息系统总体架构

目前中国许多地方都相继建立了土地利用总体规划信息系统，如赵小敏等（1997）进行土地利用总体规划计算机辅助系统研究。陈奇等（1999）建立的土地利用总体规划管理系统。王宝珍（2000）开发研制了土地利用总体规划信息系统，李满春等（2000）以江苏省江阴市为例研制了土地利用总体规划信息系统。孙晓等（2003）也开发了一套土地利用总体规划信息系统。总体来说，对土地利用规划管理信息系统的开发可分为三类：①侧重于土地利用规划数据库系统建设；②GIS 技术、数学模型技术支持下的土地利用规划编制辅助决策系统建设；③图文一体化的土地利用规划管理信息系统建设（常小燕，2005）。

根据土地利用总体规划工作的要求和任务，本书采用图文一体化的土地利用规划管理信息系统系统，其架构如图 3-15 所示。

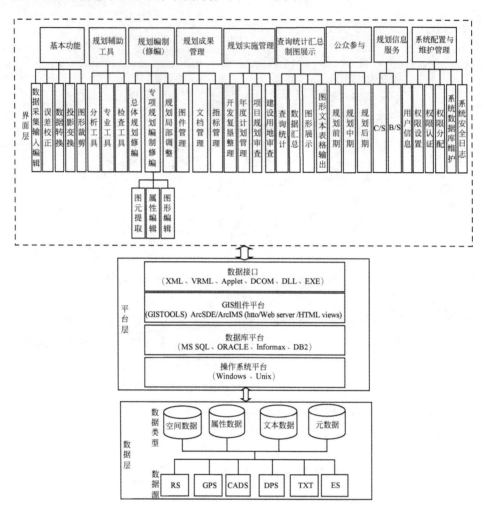

图 3-15　土地利用总体规划信息系统总体框架图

3.6　县级土地利用总体规划信息系统功能

根据土地利用总体规划工作的要求和任务，土地利用总体规划信息系统主要包括基本功能（如数据的输入、误差校正、数据转换、投影变换等）、规划辅助工具（分析工具、检查工具、专业工具）、规划编制、规划成果管理、规划实施管理、查询统计制图、公众参与、规划信息、系统配置服务等功能模块，并保证系统数据能够转换到数据交换中心（国土资源部，2002），具体功能如下：

（1）基本功能

1）采集和存储多种形式信息。土地信息有多种表现形式和获取方法，如野外观测、遥感遥测、实地考察、各类专题图件、统计数据等，信息采集后要在计算机中存储并进行加工处理，进入相应的数据库或图库。

2）误差校正。由于地图变形（均匀变形、非均匀变形）、数字化中的位置移动、遥感影像本身存在几何变形、投影方式不同、分幅扫描的误差等，采用仿射变换、双线性变换、平方变换、立方变换等精确方法或橡皮板变换的近似方法，建立纠正图像与标准地图的一一对应关系。

3）投影变换。在地图编制过程中，经常遇到地图资料与新编地图之间投影不统一，因而必须将某一种投影的地图资料通过某种转换方式，转绘到另一种新编地图的投影坐标网格中去。目前，许多优秀 GIS 软件，如 Arc/Info、MapInfo、GeoStar、MapGIS 等，也提供了一定的地图投影变换功能。

4）数据编辑。属性数据添加、删除和修改（包括给图形文件产生标准的属性结构、图形数据和属性数据的逻辑检查和连接、在文件层次上添加属性字段、设置条件修改或设置属性值等）；空间数据编辑，点、线、面、注记、复合实体编辑、接边、元数据更新；利用解析编辑工具可以实现输入、提取线和区。

5）数据转换。数据转换分为两类：一是相同数据结构的不同组织形式转换，如矢量拓扑结构变换、栅格数据转换；二是不同数据结构转换，如矢量到栅格或栅格到矢量的转换。

6）数据输出。根据规划工作的实际需要，可以输出成不同格式的数据类型。

（2）土地利用总体规划辅助工具

1）分析工具。矢量栅格数据拓扑叠加分析、点线面缓冲分析、变距缓冲分析；最短路径分析、最佳路径分析、资源分配、等值线生成、多因子叠加分析、评价比较分析；DEM、TIN 的建模与三维显示与地形（slope）因子分析；遥感影像分析；矢量数据与栅格数据的复合分析。

2）检查工具。包括扫描影像检查、分幅矢量检查、数据库检查、元数据检查。

（3）土地利用总体规划成果管理功能

规划成果数据管理具有三种类型：图形数据管理、文本数据管理和指标数据管理。各功能如下：

1）图形数据管理，包括基础地理、土地利用现状、规划、基本农田、重点建设项目、土地开发整理等数据。土地开发整理潜力分析图、土地开发整理规划图等图件的存档、调阅、查询和统计，及图件任意区域、任意比例尺输出。

2）文本数据管理，包括规划文本、专题报告、规划说明、专题研究报告、有关法规等相关文字资料的存档、查阅和输出（董晓声等，2004）。

3）指标数据管理，包括对指标结构进行录入、修改、删除、生成表格等。规划指包括土地利用结构指标、耕地保有量指标、建设用地占用耕地量指标、建设用地总量控制指标、土地开发整理复垦指标、用途管制分区指标、各类统计数据等。

（4）土地利用总体规划实施管理功能

1）年度计划管理。根据《土地利用年度计划管理办法》，辅助编制土地利用年度计划（上报）建议，拟定土地利用年度计划实施方案，以及生成计划台账。

2）项目动态管理。土地开发整理复垦项目立项台账的建立，项目具体属性管理（包括地点、规模、资金配套、申请时间、批复情况等），项目实施动态管理（包括项目起止时间、已实施情况、资金使用情况、验收情况等）。

3）建设用地审查。建设用地预审台账管理、建设用地审查分析（包括是否符合供地政策、是否符合规划、补充耕地资金落实情况等（董晓声等，2004）。

（5）规划成果查询统计汇总制图输出

1）查询功能。查询包括空间和属性数据的查询、空间和属性库的同时访问和关联、查询结果的存放及图表双向查询，图 3-16 是空间查询功能分解示意图。

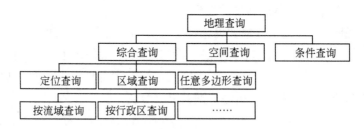

图 3-16　GIS 的查询功能分解示意图（梁艳平，2003）

2）统计制图。包括统计制图模型、统计制图方法、图廓整饰、专题图保存等。

3）数据浏览功能。文本数据浏览（包括浏览器端和服务器端处理操作，服务器端处理组件由 Web Server 调用，完成数据库的条件查询和文本信息对象的识别，转换生成 HTML 页面或调用相应控件）；数据表浏览（分为 C/S 模式和 B/S 模式两类，是数据表处理组件的浏览版），它具有相应的元数据处理功能，支持查询关联和析取作图。

4）展现功能。显示几何数据、要素数据、矢量图层数据、图库数据，多尺度地图显示与切换、数据表、文本、统计图表，结果可作为中间数据提供给 GIS 或直接传给浏览器。

5）输出功能。图形数据输出（包括输出总体规划图和各个专题图，如土地利用现状图、土地利用规划图、基本农田保护区规划图、土地整理与复垦开发规划图，在出图时实现按权属、图斑的输出，任意裁减输出，图例输出等基本功能）；表格数据输出（对于规划编制的业务来说，要出平衡表、结构调整表、前后对比表、耕地保有量/基本农田保护、建设用地和各土地利用活动表等）、文本、说明书等。打印数据（库、表、内存）、记录打印、分类打印、报表定制。包括规划数据统计报表、办公自动化报表以及各种规划图件等打印输出。

（6）土地利用总体规划公众参与及群决策

土地利用规划前期、中期和后期参与规划方案的起草、规划方案的择优和规划后期方案的实施与监督等过程，应用信息技术广泛接受公众参与并参与规划全过程的群决策。

（7）土地利用总体规划信息服务

根据可持续土地利用规划决策工作的特点和公众参与的需要，研究采用 C/S 与 B/S 结构混合的模式构建，以充分利用两种体系结构的优点。对于系统管理员和规划决策人员，系统需要响应的功能复杂，采用 C/S 模式。公众用户量大，主要使用的是规划背景、规划信息查询等功能，采用 B/S 模式。采用 C/S 与 B/S 结构，通过 C/S 与 B/S 的完美结合，满足规划管理不断扩充的业务需求，在 Internet/Intranet 应用基础上，适应未来发展，与 Web/Internet 技术巧妙融合，充分利用 Internet 的全球网络资源，使各级规划信息可以在一定区域范围内容易为用户提供信息服务。通过对已有土地信息进行系统整理，统一科学分类，使其系统化、标准化，实现土地信息的现代化管理，实现土地信息科学管理和全社会共享。

（8）土地利用总体规划系统维护

系统正常运行维护包括用户信息、用户权限设置与认定、系统数据库维护、系统安全日志等。

由此可知，县级土地利用总体规划信息系统可实现数字规划编制功能，帮助管理者对信息进行组织与管理。然而土地信息化建设不仅是计算机对手工劳动的简单替代，还要充分发挥计算机的强大分析、仿真和优选功能，最终为土地利用和规划的决策服务（蔡玉梅等，2004）。所以应在此基础上充分发挥计算机辅助决策支持功能。

由于决策支持系统（DSS）是从数据库中找出必要的数据，利用数学模型的功能，为用户产生所需要信息的计算机程序系统（陈文伟，2000）。它是以各种模型为基础，以提供决策为目标，对决策者起着"支持"、"辅助"的作用，能帮助决策者进行高水平的决策，对于解决半结构化问题很有效，为各级管理者的决策服务（常小燕，2005）。目前，一方面由于大多数 DSS 不能灵活、直观地描述对象的空间位置、空间分布等信息，不能为决策者创造一种空间数据可视化的决策环境（王家耀，2003）；另一方面，GIS 虽为决策支持提供了强大的数据输入、存储、检索、显示的工具，但在分析模拟和推理方面的功能比较薄弱，本质上是一个数据丰富但知识贫乏的系统，在解决复杂空间决策问题上缺乏智能推理功能（邬伦等，2001；肖劲锋等，2001）。所以，为解决土地利用总体规划这一复杂的空间决策问题，需要在 GIS 的基础上开发空间决策支持系统（spatial decision support system，SDSS），用于解决空间信息中半结构化或非结构化的知识表达与推理问题。该系统应该在土地利用总体规划信息系统的基础上，构建数据仓库，进行空间数据的分析与挖掘，充分运用土地利用规划决策的模型库，构建一个完整的空间决策支持系统（Yee，1997）。

3.7　本 章 小 结

本章在讨论土地利用规划信息系统目标的基础上，提出系统也采用三层结构设计，即用户界面层、业务逻辑层（中间层）、数据服务层，并对数据库及其系统从数据类型、数据组织、数据建库流程到数据管理与应用进行了详细分析。

由于土地利用规划不只是一门融合多学科知识的综合性学科，更是一项具有鲜明社会目标导引及有众多参与者这两个社会特征的社会活动，公众参与是土地利用规划必不可少的重要环节，所以本书对群决策信息技术进行了深入研究，详细设计了运用 GIS 辅助公众参与土地利用规划群决策的技术方案。

在此基础上，本书系统地设计了土地利用总体规划信息系统，并对其结果与功能进行了详细说明。

第4章

县（市）级土地利用总体规划决策支持模型

　　模型是对现实世界的事物、现象、过程或系统的简化描述。在规划中，应用最多和最广泛的就是数学模型，它通过方程式等定量地描述系统或过程中各变量之间的相互关系，是分析、设计、预测和控制实际系统的基础。因此，在土地规划修编信息系统中要实现辅助决策功能则必须依赖于决策模型。

　　模型库是将多个模型按一定的结构形式组织起来，通过模型库管理系统对各个模型进行有效的管理和使用。通常模型库由字典库和文件库组成，利用字典库对模型的名称、编号、模型的文件进行说明，模型文件中主要是源程序文件和目标程序文件（邵晖等，2003）。模型库管理系统具备对模型进行查询、检索、增删、调用和参数修改等项功能。它把模型组织成能支持决策问题的、有机联系的系统，在决策语句的控制下协调地运转。

　　一个系统如果没有决策支持模型，就不能称之为一个决策支持系统。一个国土资源决策支持模型应该具有目标性、优化性、空间性和智能性，即在该模型辅助下对某个国土资源问题完成的是一种满足明确目标的、结果优化的、具有空间意义的、智能化的决策。

　　土地利用规划是一个多目标、多因素的复杂系统，系统中的诸因素间存在着相互依存、相互制约的关系，仅采用定性的研究方法很难进行透彻研究，必须采用数学方法，建立多种数学模型加以研究。土地利用总体规划模型库子系统是通过算法模型与相关知识，为规划决策人员提供各种支持，从而达到为土地利用总体规划编制与管理的科学决策提供技术支持（陈丽等，2004）。

　　土地利用总体规划模型库是决策支持系统的重要构成要素，也是土地规划专家系统建立的核心内容。依据土地利用总体规划编制的技术路线，模型库所涉及的模型包括：土地利用总体规划评价模型、预测模型、优化模型、动态监测模型等。下面进行县级土地利用总体规划决策支持系统的模型与方法探讨。

4.1 土地利用总体规划预测模型

凡是决策，必须进行预测。预测是认识和预言将来，其目的绝大多数是为了做好决策，而决策则是根据认识到的将来的事物变化情况，按决策人的价值观和偏好做出决定，以达到某种利益和目的。因此，DSS 与预测技术有着密不可分的关系。决策是为了在将来（实施决策之后）达到一定的目的。但是，决策是在现在；而决策的付诸实施，达到决策的目的是在将来。因此，决策方案只有在预测的基础上才能制定出来。

4.1.1 土地利用总体规划预测一般方法

土地利用总体规划预测包括三个方面：数值预测、空间预测和预测结果分析。预测是以数据库及预测模型库为基础，通过预测、预测结果分析等，最后输出预测结果为规划应用提供依据。预测模型构成如图 4-1 所示。

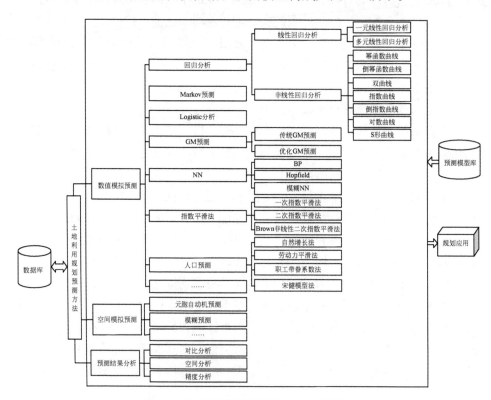

图 4-1　土地利用规划数值与空间预测方法

4.1.1.1 数值预测

数值预测主要是对属性数据进行预测。目前预测模型有：回归分析、Logstic 预测、模糊预测 GM（1，1）、神经网络预测（NN）、指数平滑法等，针对人口问题等还有自然增长法、劳动力平衡法、职工带眷系数法、宋健模型法等，如图 4-1 所示。

尽管目前预测的方法很多，但它们的应用条件、建模机理各异，都存在一定的局限，因此，在实际应用中传统的单一预测方法难以获得较为满意的预测结果。如果将各种预测方法进行组合，充分利用各自包含的一些有用的信息，扬长避短，将能产生较好的预测效果。

所以土地利用规划预测可以根据需要和专家的经验选择合适的模型。其中常用的预测方法有：马尔可夫预测法、灰色预测法、BP 人工神经网络法、回归预测法、时间序列预测法等，具体可根据土地利用总体规划的需要，选择预测方法，利用相关属性数据，预测土地与社会经济发生发展趋势。

（1）灰色模型 GM(1，1) 预测

1）建立一次累加生成数列。设原始数列为

$$x^{(0)} = \{x^{(0)}(1), x^{(0)}(2), x^{(0)}(3), \cdots, x^{(0)}(n)\}, i = 1, 2, \cdots, n$$

按下述方法做一次累加，得到生成数列（n 为样本空间）：

$$x^{(1)}(i) = \sum_{m=1}^{i} x^{(0)}(m), \quad i = 1, 2, \cdots, n$$

2）利用最小二乘法求参数 a、u。

3）求出 GM (1，1) 的模型：

$$\hat{x}^{(1)}(i+1) = (x^{(0)}(1) - \frac{u}{a})e^{-ai} + \frac{u}{a}$$

$$\begin{cases} \hat{x}^{(0)}(1) = \hat{x}^{(1)}(1) \\ \hat{x}^{(0)}(i) = \hat{x}^{(1)}(i) - \hat{x}^{(1)}(i-1), i = 2, 3, \cdots, n \end{cases}$$

4）对模型精度的检验。检验的方法有残差检验、关联度检验和后验差检验。

首先计算原始数列 $x^{(0)}(i)$ 的均方差 S_0。其定义为

$$S_0 = \sqrt{\frac{S_0^2}{n-1}}, S_0^2 = \sum_{i=1}^{n} [x^{(0)}(i) - \bar{x}^{(0)}]^2, \bar{x}^{(0)} = \frac{1}{n}\sum_{i=1}^{n} x^{(0)}(i)$$

然后计算残差数列 $\varepsilon^{(0)}(i) = x^{(0)}(i) - \hat{x}^{(0)}(i)$ 的均方差 S_1。其定义为

$$S_1 = \sqrt{\frac{S_1^2}{n-1}}, S_1^2 = \sum_{i=1}^{n} [\varepsilon^{(0)}(i) - \bar{\varepsilon}^{(0)}]^2, \bar{\varepsilon}^{(0)} = \frac{1}{n}\sum_{i=1}^{n} \varepsilon^{(0)}(i)$$

由此计算方差比 $c = \dfrac{S_1}{S_0}$ 和小误差概率 $p = \{ |\ \varepsilon^{(0)}(i) - \overline{\varepsilon}^{(0)}\ | < 0.6745 \cdot S_0 \}$。最后根据预测精度等级划分表（表4-1），检验得出模型的预测精度。

表4-1　GM（1,1）预测精度等级划分表

小误差概率 p 值	方差比 c 值	预测精度等级
>0.95	<0.35	好
>0.80	<0.5	合格
>0.70	<0.65	勉强合格
≤0.70	≥0.65	不合格

5）如果检验合格，则可以用模型进行预测。

6）算例：浙江上虞市土地利用总体规划的1996~2003年建设用地量数据建立原始数列

$$X^{(0)} = \{11\,622.67, 11\,805.41, 12\,093.25,$$

$$12\,227.06, 12\,426.04, 12\,838.09, 13\,166.90, 13\,732.44\}$$

经过 MATLAB 编程，得到 $\hat{a} = -0.02436$，$\hat{b} = 11\,283.8489$。

预测建设用地量模型为

$$X^{(1)}(K+1) = (11\,622.67 + 463\,143.2288)\,\mathrm{e}^{0.024\,36K} - 463\,143.2288$$

解得 2010 年建设用地量为 16 468.6 hm^2，2020 年建设用地量为 21 011.92 hm^2。

（2）BP 神经网络预测模型

BP（back propagation）神经网络是一种多层前馈神经网络，由输入层、隐含层和输出层组成。层与层之间采用全互联方式，同一层之间不存在相互连接，隐含层可以有一个或多个（胡铁松，1997）。BP 网络应用于研究工作中，多用三层的 BP 网络结构模型，即 1 个输入层、1 个隐含层和 1 个输出层。图 4-2 为一个典型的三层 BP 网络的拓扑结构。

BP 神经网络设计时，需要确定网络的拓扑结构（隐含层的层数及各层的神经元的数目）及其神经元的变换函数、网络的初始化、误差计算、学习规则及网络训练、训练参数及训练样本的归一化处理等方面的工作（施阳等，1998），可方便地运用 MATLAB7 建模预测。

（3）时间序列预测

时间序列分析已经有完整的理论系统，方法也比较成熟。目前有确定性时间系列分析和随机时间序列分析。确定性时间分析有直线和曲线趋势、指数平

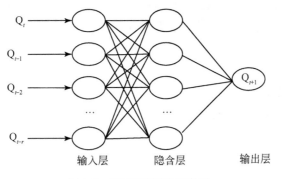

图 4-2 BP 网络结构示意图

滑等；随机时间序列分析有一元时间系列分析、多元时间序列分析、可控时间系列分析、不可控时间序列分析、贝叶斯分析以及马尔可夫分析等，也可以运用 MATLAB7 较好地进行预测（张善文等，2007）。

此外，针对时间系列的预测，还有一次指数平滑法、二次指数平滑法、三次指数平滑法等方法。

本研究以浙江上虞市人口预测为例进行预测，以时间为横轴，以 1990～2003 年常住人口数为纵轴，绘制散点图（图 4-3）。

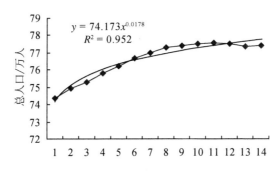

图 4-3　上虞市 1990～2003 年常住人口拟合图

分别用线性和二次、三次、对数、双曲线、幂指数、生长模型等曲线对年次与总人口的关系进行拟合，结果发现用幂指数曲线拟合效果最好，如图 4-3 所示，关系表达式为

$$y = 74.173x^{0.0178}$$

式中，y 为总人口；x 为年次。

由公式预测 2010 年上虞市常住人口为 78.30 万人，2020 年常住人口为 78.84 万人。

（4）马尔可夫（Markov）预测法

马尔可夫预测法就是一种关于事件发生的概率预测方法。它是根据事件的目前状况来预测其将来各个时刻（或时期）变动状况的一种预测方法。

马尔可夫过程是指具有"无后效性"的特殊随机运动过程。所谓"无后效性"即为某随机过程（或系统）在时刻 t_0 所处的状态为已知的条件下，过程在时刻 $t > t_0$ 所处状态的条件分布与过程在时刻 t_0 之前所处的状态无关。这对于研究土地利用的动态变化较为适宜，因为在一定条件下，土地利用的动态演变具有马尔可夫过程的性质：①在一定区域内，不同土地利用类型之间具有相互可转化性；②土地利用类型之间的相互转化过程包含着较多尚难用函数关系准确描述的事件。运用马尔可夫模型可以较好地预测土地数量转换（张君和刘丽，2006）。

（5）相关回归方程法

回归模型可以用分为线性回归和非线性回归。其中，线性回归可以分为一元线性回归和多元线性回归；非线性回归包括直线、曲线、二次函数、指数函数等曲线进行拟合，根据相关系数 R 的大小，选择 R 最大的曲线进行预测。

线性回归：①一元线性回归方程 $y = a + bx$ ；

②多元线性回归 $y = b_0 + b_1x_1 + b_2x_2 + \cdots + b_px_p + \varepsilon$ ；

非线性回归：①幂函数 $y = ax^x$ ；

②倒幂函数 $y = a + b\dfrac{1}{x}$ ；

③双曲线 $\dfrac{1}{y} = a + b\dfrac{1}{x}$ ；

④指数函数 $y = ae^{bx}$ ；

⑤倒指数函数 $y = ae^{\frac{b}{x}}$ ；

⑥对数函数 $y = a + b\lg x$ ；

⑦S 型函数 $y = \dfrac{1}{a + be^{-x}}$ 等，其中 a、b、c 为系数。

（6）Logistic 模型

1840 年，比利时人口统计学家 Verhulst 将 Malthus 的人口模型进行修正。他提出的假设包括：①由于自然资源的约束，人口存在一个最大容量 x_m；②增长率不是常数，随人口增加而减少。它具有以下性质：当人口数量 x（t）很小且远小于 x_m 时，人口以固定增长率 r_0 增加；当 x（t）接近 x_m 时，增长率为零。r_0 和 x_m 可由统计数据确定。满足上述性质的增长率可以写为：r（x）$= r_0\left(1 - \dfrac{x}{x_m}\right)$。

这样 Malthus 模型公式变为

$$\begin{cases} \dfrac{\mathrm{d}x}{\mathrm{d}t} = r_0 x \left(1 - \dfrac{x}{x_m} \right) \\ x(0) = x_0 \end{cases}$$

称为阻滞增长模型或 Logistic 模型。由分离变量法，解得

$$x(t) = \frac{x_m}{1 + \left(\dfrac{x_m}{x_0} - 1 \right) \mathrm{e}^{-r_0 t}}$$

以上预测模型也可以与其他方法的组合，如基于灰色 – 马尔可夫耦合模型的区域建设用地需求预测，基于灰色预测和神经网络的城市建设用地量预测，基于灰色预测和神经网络的人口预测等方法。

以上模型采用 MATLAB7，均能够十分便捷地解决。

4.1.1.2 空间预测

空间模拟预测主要是基于 GIS 技术，对空间海量栅格数据进行模拟预测。栅格单元是空间模拟预测的研究单元，空间模拟预测的栅格数据主要包括空间化的社会经济数据、卫星遥感数据、基础地理数据。空间模拟预测的常用方法有元胞预测法、模糊预测法等。这些方法与 GIS 技术相结合，可实现二维或者三维空间模拟预测。

4.1.1.3 预测结果分析

预测结果分析就是对模拟预测产生结果进行分析，判断其是否符合实际情况，总结其预测精度。分析中常用的方法就是对比分析法和空间分析法。对比分析法主要应用于数值模拟预测的结果，空间分析法主要对空间模拟预测的结果进行空间分析。

目前，土地利用总体规划决策支持系统中预测主要包括人口预测与用地预测两个方面。

4.1.2 人口预测

人口预测是土地利用总体规划的重要工作。它既是规划的目标，又是确定土地利用规划用地布局的前提和依据。合理预测人口对土地利用规划和土地可持续发展有着十分重要的意义（汤江龙和赵小敏，2005）。首先人口规模决定

了用地规模和基础设施建设的规模，如果人口规模把握不准，与规划的指标相差太大，就会造成城乡用地紧张、基础设施不敷使用、环境恶化或造成宝贵的土地资源和部分基础设施浪费。其次，人口规模与经济效益关系很大。经济效益能否提高，区域人口规模确定是否合理是一项重要指标。最后，人口规模关系到人类可持续发展问题，一个城市人口的过度膨胀会造成城市拥挤、生态失衡、环境恶化，人民生活质量下降，社会问题增多，这就很难给予孙后代留下一个适于发展的环境和条件（韩晓东，2002）。

目前，国内外人口城镇化水平预测方法很多，最基本的是采用自然增长法、劳动力平衡法、职工带眷系数法、宋健模型法等进行计算。此外也可以采用直接类比法（等差变动预测、修订的调查变动预测、等比变动预测、平均增减率预测）、时间序列方法（直线模型、S型逻辑模型）、回归预测法（一元回归预测、多元回归预测）、灰色模型预测法、结构转移预测法、综合判断法（吴莉娅，2004）等方法。

而《城市人口规模预测规程（讨论稿）》中规定，人口预测的方法有四种，即增长法、相关分析、资源环境承载力预测、基础设施承载力预测方法。讨论稿中明确指出：综合增长率法、相关分析法是两类必选方法，每次预测应分别运用每类中的一种或一种以上方法。

综上所述，目前关于人口预测的主要方法有：增长法、相关分析、资源环境承载力预测、基础设施承载力预测等方法、灰色动态模型、BP神经网络模型、Logistic增长模型。在进行土地利用总体规划人口预测时，要对多方案预测方案值汇总，根据统计特征值与离散分布情况，确定预测结果值（区间），如果多种预测方案值的分布越离散，最后选取的置信区间的可信度可能会越低，但最低不宜低于50%。

4.1.3 农地预测

所谓农地，按照《土地管理法》和国土资源部颁布的《土地分类》的规定，农地是指用于农业生产的土地，包括耕地、园地、林地、牧草地及其他农用地。

农用地预测包括规划期间耕地、园地、林地、牧草地及其他农用地需求量的预测。土地规划编制中，应根据农用地的自身特点采用不同的预测方法。

方法一：在合理预测各类农产品需求量、播面单产和复种指数的基础上确定耕地需求量。计算公式为

$$G = \sum_{i=1}^{n} \frac{X_i}{D_i F}(i = 1, 2, \cdots, n)$$

式中，G 为规划目标耕地面积；X_i 为第 i 种农产品需求量；D_i 为第 i 种农作物播面单产；F 为复种指数；N 为农作物种类。

农产品需求量预测既要考虑当地人口的消费需要，还应考虑国外市场情况。农作物播面单产应在综合考虑土地生产潜力、投入水平和技术进步等因素的基础上确定。复种指数应在综合考虑土地利用方式、耕作制度和作物结构等因素的基础上确定。

为简化运算，可先计算粮食和主要经济作物的耕地需求量，再按一定比例确定其他农作物的耕地需求量。

方法二：在分析规划期间耕地增减因素的基础上综合确定耕地需求量。

计算公式为

$$G_N = G_0 + (G_Z + G_F + G_K) - (G_J + G_S + G_H) \pm G_T$$

式中，G_N 为规划目标年（N 年）耕地面积；G_0 为规划基期耕地面积；G_Z 为土地整理增加耕地面积；G_F 为土地复垦增加耕地面积；G_K 为土地开发增加耕地面积；G_J 为各类建设占用耕地面积；G_S 为生态退耕面积；G_H 为灾毁耕地面积；G_T 为农业结构调整净增（或减）耕地面积。

园、林、牧等农用地需求预测宜分为生产性和生态性用地分别预测。生产性用地预测方法与耕地需求预测方法一类似。生态性用地是在土地适宜性评价基础上，综合分析各类土地的供给潜力和投入可能性确定。

此外，农业生态区方法、土地生产潜力预测法、指数模型、回归分析、时间序列预测、灰色预测法的预测、马尔可夫链预测、灰色 GM（1，1）预测与马尔可夫链结合预测、加权模糊-马尔可夫链模型预测（苗作华等，2005）、BP 神经网等进行预测。

4.1.4 建设用地预测

按照《土地管理法》和国土资源部颁布的《土地分类》的规定，建设用地是指建造建筑物、构筑物的土地。建设用地可分为八种：商业用地、工矿仓储用地、公用设施用地、公共建筑用地、住宅用地、交通用地、水利设施用地、特殊用地。

合理预测建设用地的规模、布局和结构是当前土地利用中的重要课题。建设用地的预测，学者们也进行了大量探索。

（1）定额指标预测法

建设用地需求预测，即在人口规模预测的基础上，根据《城市用地分类与规划建设用地标准》（GBJ 137-90）确定人均建设用地指标，计算规划目标年城镇建设用地规模。

计算公式为

$$U = P \cdot A / 10\,000$$

式中，U 为规划目标年城镇建设用地面积（hm^2）；P 为规划目标年城镇人口（人）；A 为人均城镇建设用地指标（m^2/人）。

这是建设用地需求预测最基本的方法。通过标准分解预测不同用地规模。公式为：某类建设用地规模 = 总人口 × 城乡总人均占有该用地的面积。

居民点用地总规模计算：

$$W = J_1 \cdot P_1 + J_2 \cdot P_2$$

式中，W 为规划期居民点用地面积；J_1 为规划期城镇居民点人均用地指标；J_2 为规划期农村居民点人均用地指标；P_1 为规划期城镇人口；P_2 为规划期农村人口。

这种计算方法的关键问题是确定人均用地指标和人口规模。根据城乡建设人均用地指标的不同，居民点用地分为城镇居民点用地和农村居民点用地。人均用地指标可以按照《县级土地利用总体规划编制规程》中的规定，根据现状人均用地面积和各地方的实际情况分别确定。

目前，国内大多数地方确定建设用地规模基于此标准，但这一用地预测方法单一，标准的制定是基于中国 20 世纪 80 年的建设数据，且"一刀切"标准，没有充分尊重地区差异和社会经济发展实际。因此，该方法需要有改进。

（2）其他方法

建设用地预测模型，从数量上预测，主要有趋势预测法、多元回归模型预测、灰色模型预测、人工神经网络预测模型、蒙特卡洛预测模型以及采用多模型组合预测等；从空间扩张上预测主要采用元胞自动机（cellular automata，CA）模型等。

建设用地需求应采取多方案进行预测，使规划更具科学性，在多方案进行预测的基础上，借助专家的经验，进行综合。

4.1.5 生态用地预测

生态用地包括两层含义：一是指具有重要生态价值的土地或需要特别保持、改善和建设的生态脆弱地域的土地。若按保护的对象划分，生态用地应包括七种地类，如表4-2所示。

表 4-2　生态用地分类

一级类	二级类	含　义
生态用地		指具有重要生态价值的土地或需要特别保持、改善和建设的生态脆弱地域的土地
	自然保护区用地	指各类自然保护区的土地
	水资源用地	指主要用于保护对生活、生产等各方面起重要作用的水库、湖泊、河流等水体用地
	防护林用地	以国土保安、防风固沙、防止河堤、路岸冲刷及铁路、公路免受灾害侵袭，改善农业生产条件等防护功能为主要经济目的的林地
	生态建设用地	指主要用于生态脆弱或敏感区域的生态保护和重建的用地
	风景旅游用地	指主要用于风景旅游的土地
	环境保护用地	指以净化空气、防止污染、减低噪音、改善环境为目的的用地
	其他生态用地	指其他主要用于保护景观及维持生态平衡的土地

资料来源：中国国土资源研究院和武汉市城市规划设计研究院，2004

　　二是指正在、适宜或潜在发挥其生态功能的土地。若依据《土地分类》标准，广义的生态用地应包括绝大部分农用地（即耕地、园地、林地、牧草地）、大部分未利用地（即荒草地、沼泽地、河流水面、湖泊水面、苇地、滩涂、冰川及永久积雪）以及部分建设用地（含属于公共设施用地的瞻仰景观休闲用地，属于水利设施用地的水库水面等）。狭义的生态用地应包括林地、牧草地、河流水面、湖泊水面、沼泽地、荒草地、苇地、滩涂、冰川及永久积雪湿地等，显然它仅包括部分农用地及大部分未利用地。

　　生态用地的需求：根据世界环境与发展委员会（WCED）的报告，至少有12%的生态容量需要被保存以保护生物多样性（Novek et al.，1992），所以，以上土地面积加总应不少于土地总面积的 12%。

　　预测生态用地可以采用趋势预测、回归分析（一元、多元的，线性与非线性的）、主成分分析、灰色预测法、BP 神经网络法、遗传算法等方法。

4.2　土地利用总体规划评价模型

4.2.1　土地利用总体规划评价方法概述

4.2.1.1　评价的一般程序

　　在确定评价目标的基础上，进行评价分析，确定评价单元、选择评价因子及其权重（单因子评价、多因子评价）与定级划分，最后确定评价结果。如

图 4-4 所示。

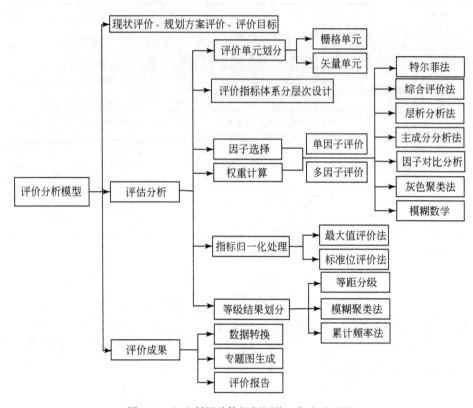

图 4-4 土地利用总体规划评价一般方法流程

4.2.1.2 数值评价方法

（1）层次分析法（AHP）

1973 年，美国运筹学家 T. L. Saaty 针对现代管理中存在的许多复杂、模糊不清的相关关系如何转化为定量分析的问题，提出了一种层次权重决策分析方法（analytical hierarchy process，AHP）。该方法是针对系统的特征，应用网络系统理论和多目标综合评价方法而发展起来的。层次分析法一般分为以下五个步骤：由专家建立层次结构模型；构造判断矩阵；层次单排序及其一致性检验；层次总排序；层次总排序的一致性检验。如图 4-5 所示。

茹旭川和文建宏（2006）将 GIS 技术与层次分析法耦合应用于土地利用规划环境影响评价中，充分考虑了土地资源的规划与管理、土地覆盖与景观、土壤、空气、水环境及其他等环境主题因素的影响，采取了定量与定性相结合对土地利用规划环境影响进行评价。

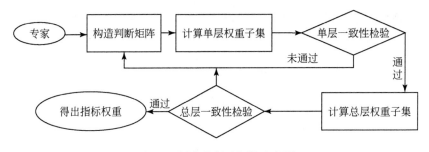

图 4-5　层次分析法评价流程图

（2）模糊综合评价法

模糊综合评判方法是模糊数学中最基本的应用方法之一。运用模糊变换原理分析和评价模糊系统，是一种以模糊推理为主的定性与定量相结合、精确与非精确相统一的分析评判方法。模糊综合评判方法具体过程为：①确定待评判对象的评价指标集合；②确定评判集合；③确定决断矩阵；④确定指标权重A；⑤确定综合评判向量B。也就是说，模糊综合评判数学模型实际上是在评判空间（U，V，R）上，已知原像（权分配矩阵A）和映射（单因素评判矩阵R）去求像（综合评判结果B）的问题，可以借助于模糊合成运算得到。目前，MATLAB软件中FSI可以直接应用。

张金亭等（2005）认为规划实施过程本身最大的特点是不确定性，且受到多个因素的综合影响。符合上述"复杂事物"的特征，利用模糊方法对之进行评价应当具有较好的效果。其指标体系由规划实施目标和实施效果两个方面三级组成，加上目标层组成三级四层评价体系结构。其一级评价指标包括：土地利用结构；基本农田、耕地保护等主要控制指标；土地分区和用途管制；土地利用程度和效益等。采用模糊综合评判法对土地利用总体规划实施规划进行了评价。

刘耀林等（1995）在十堰市土地利用现状调查的基础上，针对现有坡荒地，通过对制约土地的自然因素和社会经济条件的综合分析，依照土地质量满足对预定用途要求的程度，采用模糊数学的方法，在计算机上完成了坡荒地的宜农、宜林、宜牧、宜园四个适宜类的评价。

（3）数据包络分析法（DEA）

1978年由著名的运筹学家A. Charnes、W. W. Cooper和E. Rhodes首先提出了一个被称为数据包络分析（data envelopment analysis，DEA）的方法。

该方法的CCR模型可以看做是处理具有多个输入（输入越小越好）和多个输出（输出越大越好）的多目标决策问题的方法。它是根据一个关于输入、输出的观察值来估计有效的生产前沿面。在经济学和计量经济学中，统计有效生产前沿面通常使用统计回归及其他的一些统计方法，如图4-6所示。具体来说，

DEA 是使用数学规划模型比较决策单元之间的相对效率，对决策单元作出评价。

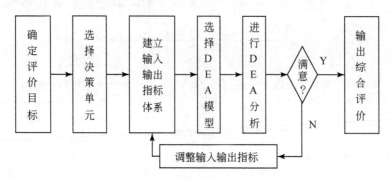

图 4-6　DEA 方法的应用分析

　　DEA 方法的优点：①DEA 是由决策单元的输入、输出的权重作为变量，模型采用最优化方法来内定权重，从而避免了确定各指标的权重所带来的主观性；②假定每个输入都关联到一个或多个输出，而且输出、输入之间确实存在某种关系，使用 DEA 方法不必确定这种关系的显示表达式；③在处理经济学生产函数与规模经济的问题上，DEA 具有独特的优势。

　　土地利用规划中，DEA 方法对土地集约利用的投入产出评价有重要作用，可以评价土地利用的有效性，选用其中一个重要模型 CCR 模型进行评价分析。例如，土地利用的投入指标用土地的使用面积、资本的投入和劳动者的数量来表示，其中土地的使用面积用建成区面积来表示，资本的投入以固定资产投资总额表示，劳动投入用市区第二、第三产业从业人员比例表示；土地利用的经济产出指标选择市区第二产业产值、第三产业产值、财政预算内收入三项指标（王筱明和郑新奇，2005）。

　　当然，评价方法也可以用以上模型的组合，如基于模糊综合评判的数据包络分析模型，基于层次分析法的数据包络分析模型等都为土地利用规划评价提供重要决策依据。黄劲松等（2000）根据东台市土地利用总体规划的目标，土地利用总体规划方案评价指标体系，运用层次分析法（AHP）对分目标人口发展（P）、资源利用（R）、环境改善（E）、社会经济效益（S）四个因子对总目标（A）的权重确定，然后采用模糊综合评判法对方案进行评价。

　　MATLAB7 强大的矩阵运算能力和方便、直观的编程功能，是编写 DEA 应用程序的最佳软件之一，所以数据运算可以采用 MATLAB7 编程辅助完成，最后达到计算目标。

4.2.1.3　空间评价方法

　　通过运用 GIS 空间叠加等方法进行评价。土地利用总体规划评价中的问题几乎都是空间评价问题：土地适宜性评价、土地利用规划方案评价、土地利用规划环境影响评价等都需要运用 GIS 技术方法。

4.2.2　土地适宜性评价

土地适宜性评价是土地利用总体规划重要内容，是进行土地利用总体规划相关方案决策的基础。根据评价的对象不同，有农地适宜性评价（主要指耕地）、建设用地适宜性评价和生态影响评价。

4.2.2.1　农地适宜性评价

（1）评价因素选择

在农用土地适宜性评定时可选地形地貌（地貌类型、坡度、坡向、绝对高度、相对高度）、气候（光照、积温、无霜期、降水）、土壤［土壤质地、养分、耕层厚度及构造、酸碱度（pH 值）、土壤侵蚀］、植被、社会经济因素（地理位置与交通条件、人口和劳动力、农业生产及农业生产环境条件、市场）、农业利用方式（农用土地资源及农用土地利用状况、种植制度、排灌条件、资本集约度、劳力集约度）等因子。

（2）评价因素权重确定

目前已有了不少方法（其中有些本身也是评价方法），如回归分析法、特尔菲（Delphi）法、关联度分析法、模糊综合评判法、层次分析法、变异系数法等（岳健等，2004）。

（3）评价方法选择

邱炳文等（2004）认为 GIS 在土地适宜性评价中方法有：叠加分析方法、多指标决策模型、人工智能方法（包括人工神经网络）、遗传算法、模糊数学、元胞自动机等方法。

1）模糊神经网络模型。刘耀林和焦利民（2002）等提出基于遗传优化的模糊神经网络建立了土地适宜性评价的模糊神经网络模型。

2）基于 GIS 的农用地适宜性评价。基于 GIS 的农用地适宜性评价能够发挥模型的运算分析能力和 GIS 的地图表现及空间分析功能，其评价结果为后续的种植规划和布局提供了决策支持（王学雷和李蓉蓉，2000；张成刚和王卫，2006）。

利用 GIS/RS 技术，对评价因子进行提取和叠加分析，并对农用地进行适宜性评价，流程如图 4-7 所示。土地适宜性评定中采用的专题地图主要有：①行政界线图层，包括区市界、县界、乡（镇）界和村界线形成封闭的多边形；②地形图层，建立地形多边形；③气候图，划定热量区界线、气候生命期

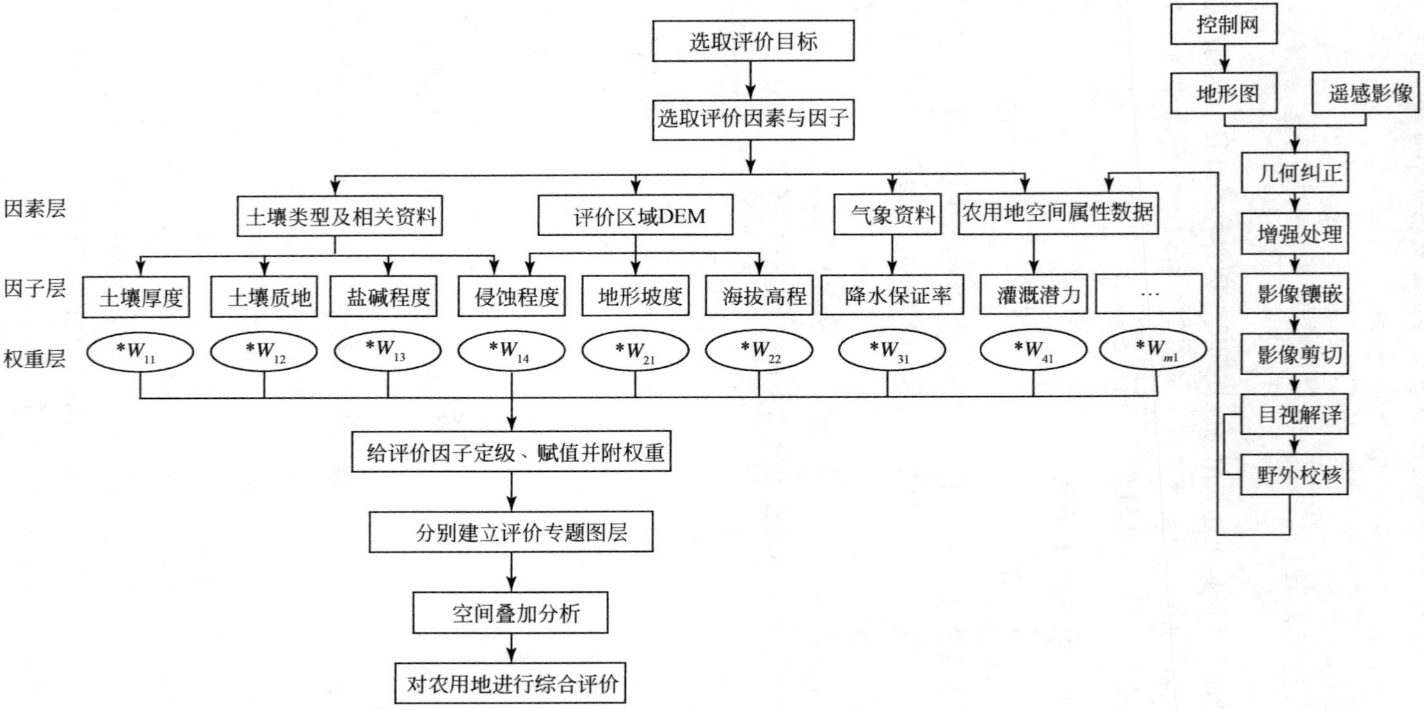

图4-7 基于GIS/RS技术的农用地适宜性评价

长度界线、水热生长期界线等；④土壤图，采用土壤普查的资料，把土属作为基本单位；⑤坡度图，在地形图基础上，建立坡度多边形。

4.2.2.2 建设用地评价

评价对象：建设用地中居住用地、工业用地、商业用地等。

评价因素：工程地质条件（承压力、耐力）、持力层深度、地貌条件（地貌形态和现代地貌过程）、自然灾害危害程度、地下水埋深、地面坡度、洪水淹没度等。

评价模型：

1）利用主成分分析法或特尔菲提取评价因子；

2）利用特尔菲法或 AHP 法确定权重；

3）基于 GIS/RS 的建设用地评价，参考图 4-7。首先需要评价区域数字高程模型（DEM），并基于 DEM 进行地面坡度、地貌高程、洪水淹没度等分析，然后结合遥感卫片数据对新区的地基承载力等级进行了划分。

4.2.2.3 建设用地生态适宜性评价

为了评估建设用地的生态适宜程度，识别区域内可用于进行城市建设的土地资源和生态敏感、脆弱和重点保护的区域，必须应用生态适宜性评价方法。该法采用 GIS 空间分析软件，综合考虑水域、保护区、用地现状、地形地貌条件、工程地质等多项因子，并对不同因子赋予不同的权重进行叠加得到适宜性评价，为合理有效地安排土地资源的用途提供了重要依据（陈燕飞等，2006）。

土地生态适宜性评价的步骤如下：

1）确定规划目标及所涉及的因子：选取水域、土地利用现状、坡度、地质条件、地形地貌类型、保护区状况等因素；

2）调查各因子在规划区域的分布状况，形成各因子的分布图层；

3）制定评价标准，将各因素数量化、等级化，形成单因素生态适宜性评价图；

4）根据权重加和各因素的适宜性得分，计算适宜性综合得分；

5）应用 GIS 软件对不同图层进行缓冲分析和加权叠加，评价区域建设用地的生态适宜性［最适宜用地（含建成区）、适宜用地、基本适宜用地、不适宜用地、不可用地的分布与比例］。

4.2.3　土地节约与集约利用评价

土地集约利用的含义是什么？马克思曾经这样界定："在经济学上，所谓耕作节约化，无非是资本集中在同一土地上，而不是分散在若干毗邻的土地上。"

土地节约与集约利用具体评价的过程如图4-8所示。

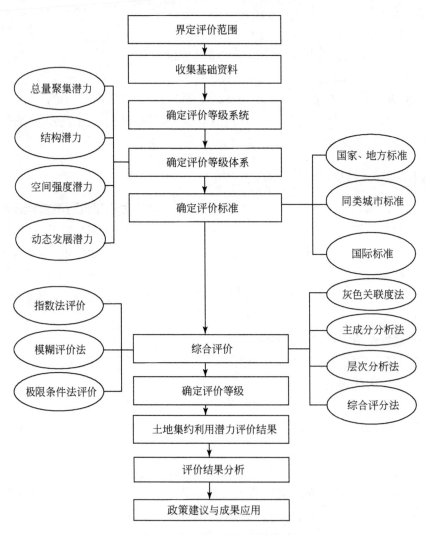

图4-8　土地集约利用评价程序

（1）评价对象确定

农村农用地节约利用和建设用地（商业区、住宅区、工业区）节约利用。

（2）评价影响因素选择

从土地利用强度、土地投入强度、土地产出效率和土地利用潜力分析等方面建立城镇土地集约利用评价指标体系（许树辉，2001）。

土地利用程度：人口密度（或逆指标：人均用地）；土地利用率（或逆指标：土地闲置率）；建设用地容积率和建筑密度。

土地投入程度：单位用地固定资产投入；基础设施配套完善程度；公共服务设施完善程度。

土地产出效率：单位面积 GDP；单位面积土地产值；单位面积利税；单位面积商品交易成交额；城市土地基准地价。

城市土地集约利用趋势：城市人口与用地增长弹性系数；固定资产投资与用地增长弹性系数；第二、第三产业 GDP 与用地增长弹性系数。

（3）评价模型

可选用主成分分析法、层次分析法，也可选用特尔菲法，咨询城市规划部门、土地管理部门及有关专家学者。

（4）因素权重选择

评价因子权重值的确定采用层次分析方法，建立判断矩阵，计算城市土地集约利用潜力评价。

（5）等级划分

评价等级可以划分为低度利用、适度利用、集约利用和过度利用四个利用等级。

（6）结果确定与应用

4.2.4 上轮土地利用规划实施后评价

规划实施评价，是指规划管理部门为了判断规划实施进展和所取得效果，按照一定的内容和标准对规划的实施情况进行回顾性评价，目的在于提出调整规划方案和改进规划管理办法的具体建议。

由于土地利用总体规划是对未来土地利用行为的预测与安排，在规划实施过程中，规划本身的科学性、实施条件的改变和实施环境的变化，都会直接影响到土地利用的现实需要与规划方案本身之间的协调性。不可否认，再好的规划也会出现与实际要求不相符的问题，而要使规划与实施管理相协调，不仅要科学编制规划，而且要对规划的实施效果不断进行回顾与总结，在坚持依法管理的同时，不断地完善规划方案，使规划与现实土地利用需求趋向协调。

4.2.4.1　评价对象

上轮土地利用规划实施状况。

4.2.4.2　评价因素

规划目标和任务实现程度、规划实施措施落实情况、规划的社会影响评价。

4.2.4.3　上轮规划实施评价

（1）规划目标和任务实现程度评价

耕地保护率、非农建设用地占用耕地率、城镇建设用地规模增长率、土地开发整理复垦任务完成率。

（2）规划实施措施落实评价

评价内容：

1）土地利用规划实施的政府目标责任制情况；

2）土地用途管制制度落实情况；

3）规划管理制度落实情况（规划公告制度、建设用地预审制度、农用地转用制度、规划审查制度、土地开发整理制度、基本农田保护制度等）；

4）土地利用规划实施与监督检查状况；

5）规划间的协调度（土地利用总体规划与城市总体规划之间的协调状况与程度）。

（3）规划的社会影响评价

土地利用规划地位的社会认知度，土地利用规划实施的公众参与度。

（4）规划实施的效益评价

1）规划实施的经济效益评价：单位面积 GDP，固定资产投资递增率，第一、第二、第三产业产值递增率。

2）规划实施的社会效益评价：耕地与基本农田保护、耕地占补平衡状况、城乡居民用地结构。

3）规划实施成效的生态效益评价："两退一还"完成率。

4.2.5　土地利用总体规划环境影响评价

4.2.5.1　评价目标

土地利用总体规划环境影响评价。

4.2.5.2 评价步骤（图4-9）

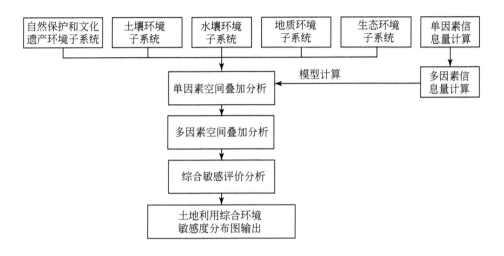

图 4-9　土地利用规划环境影响综合评价总体框架图

1）确定敏感性因子，评价体系；
2）判断生态敏感度优先级；
3）叠加因素图，得出土地生态敏感性分区图；
4）确定利用方向和原则；
5）土地利用规划综合环境影响评价结果分析。

4.2.5.3 土地利用规划环境影响综合敏感度评价模型

$$S = k_1W + k_2E + k_3L + k_4G + k_5A$$

式中，S 为土地利用的综合环境影响敏感度；W 为水环境对土地利用的综合环境影响敏感度；E 为生态环境对土地利用的综合环境影响敏感度；L 为风景环境对土地利用的综合环境影响敏感度；G 为地质环境对土地利用的综合环境影响敏感度；A 为土壤环境对土地利用的综合环境影响敏感度；k_i 为因素的权重因子，且 $k_1 + k_2 + k_3 + k_4 + k_5 = 1$。

4.2.5.4 综合敏感度评价

（1）综合敏感度的计算方法
将各环境要素敏感性分区图均作为一单独图层，以其敏感性指数为其属性。

1）对属性值进行归一化，使其属性值取值范围均为 0 ~ 1。

2）将各环境要素敏感性分区图层分别乘以其土地利用的综合环境影响敏感度进行图层的代数运算，将运算结果作为新的图层（此时新图层的属性值为土地利用的综合环境影响敏感度值）。

3）将新图层的属性（即土地利用的综合环境影响敏感度值）数据根据综合敏感度分级标准进行分级，并在图上划分出不同敏感度的分布区域。

4）将不同级别的土地利用的综合环境影响敏感区域赋予不同的颜色信息，即可得出土地利用的综合环境影响敏感性分区图。

5）通过以上一系列运算分析，把区域土地利用总体规划环境影响现状综合敏感性分为五级，分别为极度敏感区Ⅰ、重度敏感区Ⅱ、中度敏感区Ⅲ、轻度敏感区Ⅳ、非敏感区Ⅴ。

（2）叠图分析

由上述五个要素的环境敏感度分两个层次进行汇总叠加形成区域综合环境影响敏感度分区结果。

叠加计算时，首先对各要素综合指数归一化，然后确定各要素的权重系数，最后依据各因素分值及其权重系数，计算出土地利用的综合环境影响敏感度（中国国土资源经济研究院和武汉市城市规划设计研究院，2004）。

4.3 土地利用总体规划优化模型

土地利用总体规划优化，按照优化对象性质分为土地利用数量结构优化和空间结构优化，其中土地利用数量结构优化有多目标规划、系统动力学、遗传优化模型；土地利用空间布局优化有系统动力学仿真、元胞自动机模型。按照优化的范围分为分为局部优化和全局优化。前者包括 Simplex、Gauss-Newton 和 Levenberg-Marquart 等方法。这类方法容易陷于局部的最优值，且所给的初始值对最终结果影响很大；后者包括了模拟退火算法（Simulated annealing，SA）和遗传算法（genetic algorithms，GA）（黎夏和叶嘉安，2004）。而按照土地的用途，可分为农用地结构优化和建设用地结构优化（郑新奇，2004）。所以，模型要根据具体情况选择和确定。

4.3.1 土地利用结构优化模型

土地利用总体规划中的土地利用结构就是一定区域内各种土地利用类型在数量上的比例和空间上的布局。

所谓土地利用结构优化配置，就是为了达到一定的生态经济最优目标，依据土地资源的自身特性和土地适宜性评价，对区域内土地资源的各种利用类型进行更加合理的数量安排和空间布局，以提高土地利用效率和效益，维持土地生态系统的相对平衡，实现土地资源的可持续利用的目标（刘彦随，1999）。土地利用结构优化应该与一定的利用管理方式相联系，只有将土地用途与土地的经营管理方式结合在一起的土地利用结构调整才是理性的（李超等，2003）。

现代土地利用优化配置往往是多目标的。需要依据当地的发展需求和自然资源状况等进行确定。目前，用地结构优化包括农业用地内部数量与空间结构优化、城乡内部数量与空间结构优化、生态内部数量与空间结构优化等。主要模型包括以下三个。

4.3.1.1　主要优化模型

（1）神经网络的优化模型

规划方案的用地数量与各个效益和综合效益之间存在非线性关系，因而土地利用规划是一个多变量、多目标的非线性规划。由于神经网络自身的特点，它可以组成一个多输入多输出的系统，而每个输出可以是一个目标，因此它很容易满足土地利用规划多变量、多目标、非线性的要求，如图4-10所示。

由于土地利用规划问题是一个多目标的规划问题，规划的方案既追求经济、社会方面的效益，又追求生态方面的效益，其效益指标多且某些难以量化或者指标变量之间属于非线性的复杂关系，因而难以建立其定量的数学模型。但采用基于神经网络的优化系统，容易处理多目标非线性的土地利用方案的组合优化问题（宋嗣迪和陈燕红，1997）。

（2）灰色优化模型

灰色优化是指在优化设计中含有信息不完全的因素（即灰数），灰色优化的数学模型与普通优化的数学模型一样，也是从设计变量、目标函数和约束条件给出的。

灰色优化一般是将约束条件或约束式中的系数作为灰数。

灰色优化的特点是：能够反映约束条件随时间变化的情况，不像线性规划那样是静止的；灰色优化的约束式变量作为灰数，更符合实际情况，灵活性更大，有解的可能性更大。灰色优化分预测型线性规划和漂移型线性规划两类（邓聚龙，1985）。

1）预测型线性规划模型：

目标函数为

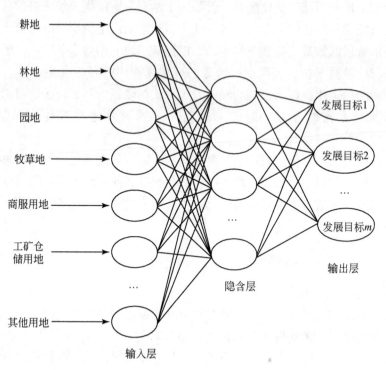

图 4-10　土地利用总体规划神经网络用地优化系统

$$f(x) = \sum_{j=1}^{n} c_j x_j$$

约束条件为

$$\sum_{j=1}^{n} c_{ij} x_j \leqslant \otimes i \qquad i = 1, 2, \cdots, m, x_j \geqslant 0, j = 1, 2, \cdots, n$$

预测型线性规划中仅约束值 $\otimes i$ 为灰数，可以通过模型 GM（1，1）预测，将灰数白化，然后按一般线性规划的方法求解。

2）漂移型线性规划的数学模型：

目标函数为

$$f(x) = \otimes (c)^T x = \max$$

式中，$x = (x_1, x_2, \cdots, x_n)^T$，$\otimes (c) = [\otimes (c_1), \otimes (c_2), \cdots, \otimes (c_n)]^T$。

c_1，c_2，$\cdots$，c_n 是灰数 $\otimes (c_1)$，$\otimes (c_2)$，$\cdots$，$\otimes (c_n)$ 的一组白化值，且有 $\overline{\otimes}_i = \bar{c}_i$，$\underline{\otimes}_i = \underline{c}_i$。

约束条件为

$$\otimes (A) x \leqslant b, x \geqslant 0$$

$$\otimes (A) = \left[\otimes (a_{ij}) \right]$$
$$b = (b_1, b_2, \cdots, b_m)^T$$

A 是 $\otimes (A)$ 的白化矩阵，且有 $\overline{\otimes}_{ij} = \overline{a}_{ij}$，$\underline{\otimes}_{ij} = \underline{a}_{ij}$。

有灰系数漂移关系式

$$\otimes (c_j) = \overline{a}_j + a(\overline{c}_j - \underline{c}_j)$$
$$\otimes (a_{ij}) = \underline{a}_{ij} + a(\overline{a}_{ij} - \underline{a}_{ij})$$

式中，a 为白化漂移系数，$0 \leq a \leq 1$。

漂移型线性规划规定 a 取数一致，即目标函数和约束方程中的 a 取相同的值。定义为 μ_a 为 a 值下的可信度，则

$$\mu_a = \frac{c_a^T x_a}{f_{max}} = \frac{f_a}{f_{max}}$$

综上所述，可得漂移型线性规划的求解步骤如下：①给出满意的可信度值 μ 的值，然后对约束方程灰系数取 $a = 0$，对目标函数灰系数取 $a = 1$，求取 f_{max}。②给出一个 a 值，求取 f_a。③计算可信度 μ_a。④判断。如果 μ_a 大于或等于所给出的满意可信度 μ，则已得到满意结果，停止计算；否则，取得一个 a，再重复上述计算，直到满足要求为止。

（3）多目标优化模型

土地利用规划结构优化的数学模型有很多种类，但有其共同点，即由目标函数和约束条件两部分组成，规划意味着寻求在给定的约束条件下达到最佳目标的途径。用待定变量的函数表示土地利用规划系统的功能目标（即效益目标）称为目标函数。设 x_1，x_2，$\cdots$，x_n 为待定变量（系统的土地利用类型），目标函数可表示为

$$g = g(x_1, x_2, \cdots, x_n) \qquad (4-1)$$

目标函数反映系统的功能目标与结构、特性之间相互依存和制约的关系。目标函数的极大值或极小值代表系统功能的最优值。

结构优化存在的人力、物力、财力、时间和生态、经济、社会、技术以及土地现状、潜力、需求等多方面不可避免的限制，数量上表现为对待定变量作如下形式的约束条件：

$$f_1(x_1, x_2, \cdots, x_n) \leq (= , \geq)b_1$$
$$f_2(x_1, x_2, \cdots, x_n) \leq (= , \geq)b_2$$
$$\cdots\cdots \qquad (4-2)$$
$$f_n(x_1, x_2, \cdots, x_n) \leq (= , \geq)b_n$$

x_i 是指构成系统土地利用结构的类型，应取非负值，称为非负性条件，即

$$x_i \geq 0, i = 1, 2, \cdots, n \qquad (4-3)$$

式（4-1）、（4-2）、（4-3）三式一起构成土地利用规划系统的结构优化模型。其中，非负性条件也作为约束条件的一部分。

若用向量

$$X = (x_1, x_1, \cdots, x_n)$$
$$B = (b_1, b_2, \cdots, b_n)$$

分别表示待定变量和约束条件，则土地利用规划系统的数学模型为

目标函数：$\max(\min) g(X)$；

约束条件：$f(X) \leqslant (=, \geqslant) B$；

非负条件：$X \geqslant 0$。

由此可见，规划系统的土地利用结构优化是关于在一定的约束条件下求目标函数最大值或最小值的理论和方法。凡是能够用目标函数和约束条件表达的系统问题，都是规划的优化问题，都可以用上述形式的数学模型来描述。具体的规划问题，由于内容不同，系统要素之间的联系方式的不同，目标函数与约束条件有不同的性质和形式，因此可以运用不同的规划方法来解决，如线性规划、灰色线性规划、模糊线性规划、非线性规划、动态规划、参数规划和目标规划等。根据实际情况，建立了模型后，要编制计算机程序或运用相应软件进行调试计算。在计算后，要对结果进行灵敏度分析和最优化分析，以判断是否适用，是否需要进行修改或重新计算（严金明，2002；傅丽芳等，2005；杨庆朋，2007；葛欣，2006）。

4.3.1.2　农地结构优化

农用地内部结构是指农业生态经济系统中由种植业、林业、畜牧业和渔业构成的农业产业结构。重点研究种植业、畜牧业内部结构的优化及农、林、牧、渔各产业的协调发展。根据各产业部门的特点，分别选择不同的生产项目作为决策变量，可以采用灰色漂移性线性规划模型或多目标优化模型来求最优解或最优解区间。

4.3.1.3　城镇建设用地结构优化

建设用地结构是城镇社会经济形态与结构的反映，用地结构配置应当有利于社会经济结构的优化。这种配置是在建设用地总量控制下，根据城镇社会经济的特征及发展趋势，在结构比例上对各类建设用地投入作出合理的分配（廖和平，2004；赵哲远，2007）。

建设用地可以采用人工神经网络、多目标优化模型，还可以采用通过构建

建设用地优化配置的指标体系，采用总量指标、结构性指标、速度指标进行优化（廖和平，2004；赵哲远，2007）。

4.3.2 土地规划方案优化模型

对于复杂系统的多准则决策问题，系统指标不但有定量指标，还有较多的定性指标。为了更好地处理指标的模糊性和不确切性，较好地利用专家的经验和知识，常将模糊理论引入决策过程，利用模糊理论对系统的不确定性指标进行处理和建模。对于复杂系统多属性决策方法有模糊决策、灰色决策、群决策等方法。在通常的决策方法中，由于指标权重测定是非常关键的步骤之一，采用不同方法来测定权重，得到结果也不尽相同，从而直接影响最终结果。为了尽量减少在决策过程中主观因素和人为因素的影响，考虑采用突变理论结合模糊集的方法进行决策。

针对复杂系统的多准则决策问题，通常具有模糊性和突变理论适合处理此类问题，可以采用基于突变理论和模糊集的方法对多准则决策问题进行分析建模。该方法利用归一公式机理本身来确定各指标对各目标重要性的确定性量化，因而不需要额外考虑指标间的主观权重，所以能较好地处理复杂系统决策的模糊性。

4.4 土地利用总体规划实施与监测模型

土地利用规划实施的动态监测是利用卫星遥感技术（RS），通过内业对规划实施不同时期影像进行处理、外业实地核实和与土地利用总体规划图对比等方法的综合运用，重点对规划区建设用地扩展规模和农地非法非农化进行监测。通过定期监测，查清规划区用地扩展及占用耕地情况，为政府科学决策和制定政策提供依据。主要内容包括：①监测基本农田、耕地保护情况，包括基本农田的位置、面积、地类，监测占用基本农田挖塘养鱼、种树和其他破坏耕作层的情况。②监测规划区建设用地扩展和耕地减少情况，包括违反用途管制、占用基本农田从事商业、住宅、工业房地产开发等。③监测土地利用总体规划的实施。重点是监测新增建设用地布局和集约用地程度，土地利用总体规划确定的"建设预留用地"内外的各类开发区（园区、新区）土地利用方向、规模等。

根据国土资源管理部门长期积累的、拥有的土地资源调查成果的特点，土地利用总体规划实施动态监测分析中可能应用到的模型主要是土地利用数量变化模型和空间变化数学表达模型。土地利用规划实施动态监测技术方法有：监测区逐个像元对比法、分类后对比法、主成分分析法等（叶嘉安等，2006）。

动态监测的目的是提取变化信息。变化信息是指在确定的时间内，土地利用发生变化的位置、范围、大小和类型。而变化信息提取的客观性和正确性是土地利用变化监测的关键（吴海平和黄世存，2006；赵哲远，2007）。

下面采用 GIS 和 RS 相结合，对土地利用规划实施的动态监测进行说明。此案例是赵哲远博士采用 SPOT5 遥感数据，对浙江杭州市余杭区的塘栖镇进行土地利用规划实施动态监测，其技术路线如图 4-11 所示。整个过程运用 MapGIS6.7 软件，人机共同完成。由于在运用 MapGIS6.7 进行分析时，Spot 影像（栅格数据）需要转换成 MapGIS 的影像格式才可以与矢量数据叠加，所以在分析前需要进行图像转换与配准工作。

由于是将 2005 年的遥感影像数字正射影像图（Digital Orthophoto Map，DOM）与 1996 年的土地利用现状图进行对比分析，故采用人工解译方法提取土地利用变化信息（图 4-12 和图 4-13）。

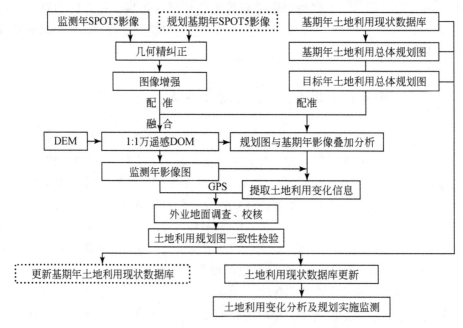

图 4-11　基于 SPOT5 遥感数据的土地利用总体规划实施
动态监测技术路线（赵哲远，2007）

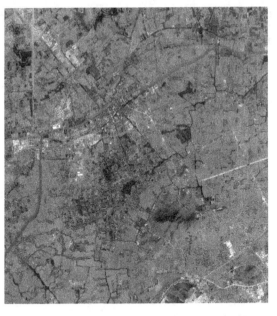

图 4-12　浙江余杭区塘栖镇 SPOT5 正射影像图（赵哲远，2007）

资料来源：根据浙江省土地勘测规划院土地信息所提供的遥感数据而制作，2006 年 12 月

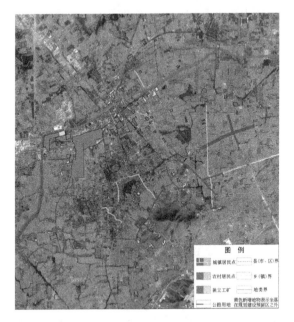

图 4-13　余杭区塘栖镇 1997～2005 年土地利用变化信息（赵哲远，2007）

资料来源：由人工解译而提取土地利用变化信息，2007 年 1 月

通过以上工作，可将塘栖镇规划实施年累计的土地利用变化信息（主要是农用地转变为建设用地）的空间位置（即提取的变化信息），与塘栖镇土地利用总体规划图（1997～2010 年）中的各类用途区一一对照，主要辨别已经发生用途变化的地块坐落在规划预留建设用地区、待置换用地区范围内，还是占用基本农田保护区或一般农田区。最后根据规划图纸与影像变化图的对照分析，在 MapGIS6.7 技术平台上计算出塘栖镇规划实施期间新增建设用地的位置和面积，从而进行监测。

4.5 土地利用总体规划知识库与专家系统

知识库也就是规则库，是基于规则的知识的集合，用来存放各种规则、专家的经验、有关的知识及因果关系等。知识库可表示为 $KB = F + R$。式中，F 为事实集合，相当于数据库中实体及其属性所对应的数据集合；R 为规则集，其中包含与领域有关的语义知识。知识库中的知识是不确定的、不完全的、模糊的，主要通过推理来进行。以知识库为基础的专家系统（ES）具有知识处理与启发式推理的能力，为包含人为经验和专家知识的土地利用规划问题提供解决方法（张颖等，2004）。

知识库的出现为决策支持系统的发展开辟了一个新的发展方向，知识库系统是管理和维护知识的系统，其主要功能是实现知识的推理、学习和获取等，例如谚语说"樟不过长江"、"杉不过淮河"、"橘生淮南则为橘，橘生淮北则为枳"，以及"沙地花生黏土谷"、"茶叶四喜四怕"、高山植物垂直分布、柑橘极端温度等都是实践知识的结晶。

专家系统（expert system，ES）是一个利用知识和推理过程来解决那些需要特殊的、重要的人类专家才能解决的复杂问题的计算机智能程序。

近年来专家系统的研究发展很快，专家系统可以解决一些比较复杂的、非结构化的问题，将专家系统技术应用于土地利用规划信息系统具有重要的意义。土地利用规划包括一些多层次、多因素、具有时变特性和非结构化的问题，而现有的信息系统中定量分析功能和空间分析能力无法解决这些问题，将拥有人类专家知识、具有推理机制的专家系统引入土地利用规划中来，就可以在很大程度上提高解决这些复杂问题的能力。将模型库及其管理系统与专家系统引入土地利用规划信息系统中，就可为土地利用规划的决策者们提供解决问题的强有力的规划技术方法，使决策更加科学化（张颖等，2004）。

专家在决策中的作用：

1）辅助决策。由于专家系统是将某一特定领域的专家经验和知识以适当的形式存放在计算机中，因此需要时可根据人为输入条件进行综合推理得出判断，供使用者决策参考。

2）提供最优化方案。大多数专家系统具有多目标方式，可为管理人员提供不同的处理方案和最优化方案，以利于选择。

3）实时监测。决策支持系统与专家系统的结合，使决策支持系统注入新的活力，以增强决策支持系统的主动功能。

专家系统一般由以下部件组成：①知识获取设备；②知识库（规则库和数据库）；③知识库管理系统（KBMS）；④推理机构；⑤用户接口与界面。

实际上，在建模、求解、评价、方案择优以及规划监测等阶段都需要采用 ES 的技术。它的设计思想是预先把决策者们的知识经验整理和组织收集到一个知识库中，并在 DSS 中建立一个人机界面。当按传统 DSS 中的方法难以处理或需要与人交互时，则先访问人机界面，看它能否解决系统提出的问题，或满足系统提出的要求。通过与人交互，并由决策者回答系统的问题。同时，还建立一个学习型构件，该学习构件可根据各项决策的实际效果，再结合管理人员的经验，以及决策人员的决策风格，使决策能力逐步积累和提高，使知识不断完善，知识库更加健全。

4.6　土地利用总体规划模型工具的选择

本书的土地利用总体规划决策支持模型采用 MATLAB7、MATCOM4.5 及其组件完成。由于 MATLAB 是 Math Works 公司于 1982 年推出的一套高性能的数值计算和可视化软件，其全称是 Matrix Laboratory，亦即矩阵实验室，目前版本 V7.5。它集数值分析、矩阵运算、信号处理和图形显示于一体，构成了一个方便、界面友好的用户环境。与 Basic、Fortran、Pascal、C、VB、VC 等编程语言相比，MATLAB 具有编程简单直观、用户界面友好、开放性强等优点，因此其自面世以来，在国际上很快得到了推广利用，被美国电气和电子工程师协会（IEEE）称为国际公认最优秀的科技应用软件。它还包括了各类问题的求解工具箱 ToolBox，可用来求解特定学科的问题。MATLAB 具有易学易用性、高效性，尤其是其可扩展性，可以与 VC、VB 等接口。由于 MATLAB 具有如此之多的特点，目前已广泛应用于处理线性代数、自动控制理论、数理统计、数字信号处理、时间序列分析、动态系统仿真等问题，成为研究和解决各种工程问题的主要工具。

至于空间模型，除本书所提及的运用 GIS 的组件进行空间的建模分析外，还可以运用自动元胞机、云理论模型等进行空间建模与辅助土地利用总体规划的决策。

4.7 本章小结

本章主要研究土地利用总体规划的决策支持模型。这些模型包括：

1）预测模型，即人口预测、农用地预测、建设用地预测与生态用地预测。由于预测方法很多，对于不同预测对象要根据实际情况，在专家的指导下选择。

2）评价模型，即土地适宜性评价、土地节约与集约利用评价、土地利用规划实施后评价及土地利用规划的环境影响评价等。本书针对不同的评价目的进行了系统研究。

3）优化模型，即用地结构优化与土地利用规划方案的优化。其中，用地结构优化包括农业用地内部数量与空间结构优化、城乡内部数量与空间结构优化、生态内部数量与空间结构优化等，本书重点探讨了农用地与建设用地内部优化以及它们之间的优化问题；针对规划方案的优化模型，可以采用多准则决策、模糊决策与突变论的方法加以解决。

4）实施与监测模型，即利用卫星遥感技术，通过内业对规划实施不同时期影像进行处理、外业实地核实和与土地利用总体规划图对比分析等方法，重点对规划区建设用地扩展规模和农地非法非农化进行监测，本书借鉴有关研究成果进行了说明。

5）模型的选择与运用离不开知识库与专家系统，本书对知识库与专家系统在其中所起的作用进行了讨论。

6）对于土地利用总体规划决策中数值模型建模工具的选择，本书通过研究认为 MATLAB7、MATCOM4.5 及其组件是理想的决策支持模型的建模工具。

第 5 章
县级土地利用总体规划决策
支持系统数据仓库

随着技术的发展，计算机在管理领域的应用经历了数据处理（EDP）、管理信息系统（MIS）和决策支持系统辅助决策（DSS）三个发展阶段。人们不再满足于传统的例行的日常事务处理，需要使用计算机技术对管理工作进行辅助决策。而先进实用的决策支持系统以传统的数据库为基础是远远不够的，它需要概括性、综合性、分析型和战略型的数据作支撑，这决定了现代决策分析需要以数据仓库技术作为基础（刘志军等，2004）。

5.1　数据仓库与空间数据仓库概述

目前，数据库管理系统中的数据按照形式分成两类：操作型数据和分析型数据（表 5-1）。这两种数据都可以采用 DBMS 存储和管理。它们的组织形式实际上源于并作用于两种系统：操作型系统和分析型系统。其中，操作型（事务处理）系统强调的是更新数据库，向数据库中添加信息，直接面向业务操作人员，提供数据处理支持；而分析型（决策支持）系统是要从数据库中获取信息、利用信息，著名的数据仓库专家 Kimball 曾写道："我们花了 20 多年的时间将数据放入数据库，如今是该将它们拿出来的时候了（Kimball and Ralph，1996）"，它面向使用本系统的业务者和中高层管理人员，提供决策分析支持。

表 5-1　操作型数据与分析型数据的区别

操作型数据	分析型数据
表示业务处理的动态情况	表示业务处理的静态情况
在存取的瞬间是正确的	代表过去的数据
可更新，由录入人员或经过专门培训的输入事务而更新	不可更新，终端用户的访问权限常常是只读的

操作型数据	分析型数据
处理细节问题	受到更多关注的是结论性的数据，是综合的，或是提炼的
操作需求事先可知，系统可按预计的工作量进行优化	操作需求事先不知道，永远不知道下一步用户要做什么
有许多事务，每个事务影响数据的一小部分	有数目不多的一些查询，每个查询可访问大量数据
面向应用，支持日常操作	面向分析，支持管理需求
用户不必理解数据库，只是输入数据	用户需要理解数据库，以从数据中得出有意义的结论

　　尽管数据库管理系统在事务处理方面获得了巨大的成功，但其对分析处理的支持一直不令人满意，特别是当以业务处理为主的联机事务处理（OLTP）和以分析处理为主的 DSS 应用同处于一个数据库系统中时，这两种类型的处理产生了明显的冲突（王珊，1999），这决定了直接使用事务型处理环境来支持决策是行不通的，要提高分析和决策的有效性，必须把分析型数据从操作型（事务处理）环境中分离出来，按照分析型（决策支持）系统处理的需要进行重新组织，建立相应的分析处理环境。数据仓库就是这样一种技术，它的出现为我们解决目前决策支持系统中存在的问题提供了途径。

5.1.1　数据仓库

　　数据仓库（data warehousing）的概念最早出现于 20 世纪 80 年代。而直到 1993 年，号称"数据仓库之父"的 William H. Inmon 在其论著 *Building the Data Warehouse* 一书中，首次系统地阐述了数据仓库的思想和相关理论，为数据仓库的发展奠定了基石。他指出，数据仓库（data warehouse）是一个面向主题的（subject oriented）、集成的（integrate）、相对稳定的（non-volatile）、反映历史变化（time variant）的一系列用于管理和决策制定的数据集（Inmon，1992）。可见，数据仓库通常是一个专用的数据库系统，独立于事务型处理。它的基本作用是为决策支持的信息分析提供数据。

　　Inmon 进一步指出："数据仓库中每个数据单位都与时间相关"，也就是说，数据仓库中的数据关系是多维的。因此，作为数据仓库的目标数据库必须能够表述多维数据关系。特别在一些大规模决策环境下，采用多维数据库管理系统

（MDBMS）作为数据仓库的目标数据库具有一定优势，因为 MDBMS 是通过表分级（table groupings）、嵌套表（nested table）、高级索引（B 树、位图等）技术实现的，有利于完成多维关系处理和多维分析（OLAP）（马刚，2000）。

1）面向主题。"主题"是一个较为抽象的概念，是指用户使用数据仓库进行决策时所关心的重点方面，一个主题通常与多个操作型信息系统相关。从信息管理的角度看，主题是在一个较高的管理层次上对数据进行综合、归类所形成的分析对象；从数据组织的角度看，主题就是一些数据集合，这些数据集合对分析对象作了比较完整的、一致的描述，这种描述不仅涉及数据本身，还涉及数据之间的关系。"面向主题"则表明了数据仓库中数据组织的基本原则，是指数据仓库内的信息是按主题进行组织的，而操作型数据库的数据按照业务功能及性能要求进行组织，面向事务处理任务，各个业务系统之间各自分离。

2）集成的。"集成"是指数据仓库中的信息并不是对各个数据源简单的选择、抽取，而是首先进行一系列的加工、整理和转换等来消除源数据中的不一致；同时按照本行业的逻辑模型设计便于查询及分析的数据仓库。然后按照组织或企业的需求，针对不同的主题对数据进行某种程度的综合、概括和聚集，将源数据加载进数据仓库。经过这样的处理，数据就具有集成性，以保证数据仓库内的信息是关于整个企业的一致的全局信息。可以用于决策分析。面向事务处理的操作型数据库通常与某些特定的应用相关，数据库之间相互独立，并且往往是异构的。

3）相对稳定的。"相对稳定"是指数据一旦进入数据仓库，一般情况下会被长期保留，所涉及的数据操作也主要是查询、分析，很少会被修改或删除，通常也只需要定期地加载和刷新。相对稳定性保证了数据仓库中的数据能够真实地反映历史变化。而操作型数据库中的数据通常实时更新，数据根据需要及时发生变化。

4）反映历史变化。"反映历史变化"是指数据仓库内的信息并不只是反映土地利用当前的状态，而是记录了从过去某一时点到当前各个阶段的信息。通过这些信息，可以对土地利用的未来趋势作出定量分析和预测。

随着市场竞争的加剧，信息系统的用户已经不满足于仅仅用计算机去处理每天所发生的事务数据，而是需要信息——能够支持决策的信息，去帮助管理决策。这就需要一种能够将日常业务处理中所收集到的各种数据转变为具有商业价值信息的技术，传统数据库系统无法承担这一责任。因为传统数据库的处理方式和决策分析中的数据需求不相称。这些不相称性主要表现在决策处理中的系统响应问题、决策数据需求的问题和决策数据操作的问题。

采用数据仓库技术实现决策支持系统是一种全新的辅助决策途径，不是传统决策支持系统的变形。数据仓库技术的目的是支持决策，数据仓库也只有同决策支持系统相结合才具有意义，正如著名的经济学家、诺贝尔奖金获得者赫伯特·西蒙（Herbert Simon）所指出的："决策是管理的心脏，管理是由一系列决策组成的，管理就是决策。"而数据仓库技术恰是实现决策支持系统的最有效方法（马刚，2000）。

5.1.2　空间数据仓库

空间数据仓库（spatial data warehouse，SDW）是近几年在数据仓库基础上提出的一个新的概念和新的技术，它是一个面向主题的、集成的、随时间变化的并且非易失性的空间和非空间数据的集合，用于支持空间数据挖掘和与空间数据有关的决策过程，简单地讲，空间数据仓库是空间数据库的数据库。实质上，空间数据仓库是在数据仓库基础上引入了空间维，即在传统多维数据模型中引入空间维度，从而构造出空间多维数据模型，在此基础上进行空间数据挖掘。它的根本目的是服务于决策支持，是空间决策支持系统的核心。

空间数据仓库作为一种新型的数据存储体系，提供了容纳大量信息的场所，为空间数据挖掘提供新的支撑平台，在很大程度上有助于解决以下问题：数据收集、信息集成、综合分析、数据挖掘和知识发现，且其特有的、优化的查询引擎和数据组织结构，有利于数据挖掘过程高效率地完成。

20世纪90年代以来，中国土地信息系统建设发展很快，建立了各种土地信息系统，如地籍管理信息系统、房地产管理信息系统、图文办公信息系统以及综合型的土地信息系统，但它们多是面向具体应用的，难以进行系列决策分析，现有解决问题的最好办法是建立土地数据仓库，建立决策分析的数据库环境，使操作型数据环境向分析型处理环境转变。而这些数据库只要研究其相应的数据转换和提取技术，就可以成为土地数据仓库的数据源，且各种现有的文档资料也可以作为土地数据仓库数据源的来源。

5.1.3　数据仓库系统

数据仓库系统（data warehouse system，DWS），即对进入数据仓库的原始数据完成抽取、转换、过滤、清洗等处理，最终进入数据仓库，以及对数据仓库中存储的数据进行更新、管理、使用、表现、计算、综合等相关软件或工具进行集合，通过查询和分析模块，完成对信息的访问和分析，用以支持数据仓库应用或管理决策（马刚，2000）。

由于数据仓库是一种全新的分布式异构数据系统的集成（麦永浩，2000），即对来自种类不同的、应用系统的数据和历史数据进行集成，为全局范围的战略决策和长期趋势分析提供有效的支持，它实际上是一个系统，Rob Mattision 在他著名的著作 *Data Warehouse* 中对数据仓库是这样定义的："一个据仓库是由 Inmon/Hackthorm 按照当今实际应用所完成的基本工作的一个组合。一个数据仓库是这样一个数据库：其数据能被组织用做一个中性存储区的、由数据挖掘和其他应用来使用的；使用这些数据满足一组预定义的商业评测。"所以，一个完整的数据仓库系统，可以用下面的一个组合公式表示

$$DW = HDB + DBMS + Applic. + DM + KDD + DSS + II + I$$

式中，DW 为 data warehouse（数据仓库）的缩写；HDB 为 historical data bases（历史数据集）的缩写；DBMS 为 data bases management system（数据集管理系统）的缩写；Applic. 为 applications（应用程序）的缩写；DM 为 data mining（数据挖掘）的缩写；KDD 为 Knowledge Discovery in Databases（数据库中的知识发现）的缩写［Usalna M. Fayyad 等专家对 KDD 定义为：它是识别有效的、新颖的、潜在的和最终可以理解的非平凡过程（陈燕，2000）］；DSS 为 decision support system（决策支持系统）的缩写；II 为 information interface（信息界面）的缩写；I 为 infrastructure（基础结构或者称为基础设施）的缩写。

由数据仓库系统涉及的内容可知：数据仓库是在 DBMS 和 HDB 基础之上发展起来的一种新型的 DBS 技术。要建立一个完整的数据仓库系统，除了有一个支持数据仓库系统运行的理论外，还应该有支持这个系统运行的相关技术。这些技术包括：成熟的 DBS 技术、网络技术、多维表格的建立与存储以及相关的处理技术、数据挖掘技术、KDD 过程中的挖掘知识的技术以及在这个过程中的最重要的算法——相联规则的快速发现与应用的算法、DSS 技术、各种类型的预测技术、特殊的预测与分析技术，即聚类算法、决策树算法、神经网络等算法和集成技术、数据精炼、模型的优化及其应用等方面的技术等数据仓库的建模工具（陈燕，2000）。

5.2　数据仓库系统的体系结构与功能

5.2.1　数据仓库系统的体系结构

空间数据仓库是面向主题的、集成的、稳定的、不同时间的数据集合，用以支持空间信息管理中的决策制定过程，它从多个信息源中获取原始数据，经

整理加工后，存储在数据仓库的内部数据库中，通过数据仓库访问工具，向数据仓库的用户提供统一、协调和集成的信息环境。从体系结构上看，空间数据仓库系统由以下几个部分组成：数据源、数据仓库管理、中央数据仓库以及数据仓库工具等构成，如图5-1所示。

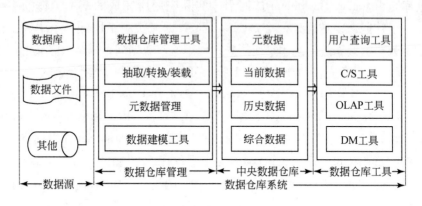

图 5-1　数据仓库系统构成

（1）数据源

数据源，指分布在不同的空间信息系统的应用系统之中，或存储在不同的平台和不同的数据库之中的大盘的空间信息，是空间数据仓库的物质基础，包括分布式数据库系统、卫星遥感、GIS与数据库系统以及其他系统。空间数据仓库的数据可以来源于遥感影像、专题地图、各种图形、符号数据、数字、文字和多媒体数据等不同数据源和数据类型。

（2）数据仓库管理

数据仓库是为不同来源的数据提供一致的数据视图，将不同介质、不同组织方式的数据集成转换而成为一个一致的分析型数据环境（马刚，2000）。所以，数据仓库管理主要完成数据仓库的定义，数据抽取（extraction）、转换（transformation）、装载（loading）（其中 extraction-transformation-loading，ETL）、数据归档、备份、维护与恢复、元数据管理及数据建模工具等。

由于系统的相关数据可能来自于不同的平台，并且时间跨度长、数据类型多样（基础地理数据、专题数据、遥感影像、统计数据等），为了将这些宝贵的数据更好地利用起来，发挥其在决策支持中的作用，需要对现有数据进行系统的分析和整理，并通过专业模型对不同源数据库中的原始数据进行提取、转换和简化，进入数据仓库，并从应用的角度将数据组织成等不同的主题，形成多维视角，为用户提供一个综合的、面向分析的决策支持环境（钱峻屏等，2002）。所以，ETL是数据仓库中重要的组成部分，主要负责从各种事务数据源中提取数据、加工数据（包括清洗、转换、聚集等）并加载到数据仓库中。正是这个过程保证了数据仓库的数据一致性，同时 ETL 也是实现数据仓库中数据继续增长的必要途径。

1）ETL 主要完成的功能包括：①异构数据的读取功能，包括文本数据、WEB 数据、Sybase 数据、SQL Server 数据、Oracle 数据等。②数据的预处理功能，包括数据清理：填写空缺的值，纠正不一致的数据，以及数据挖掘中用到的平滑噪声数据；数据集成：去除冗余属性和数据，检测数据值冲突，统一数据表示；数据变换：平滑数据，对数据进行汇总和聚集，数据概化，概念分层，数据规范化和属性构造；数据归约：立方体聚集，维归约，数据压缩，离散化等。③数据加载功能，包括数据的写入、数据的更新、元数据的管理等。

由于空间数据的转换要通过空间数据引擎（SDE）实现，所以将 SDE 作为一个标准组件嵌入到传统数据仓库产品中，可以实现空间数据转换、加载、分析。

2）元（meta）数据管理。元数据是数据的数据，是关于数据和信息资源的描述信息。它通过对地理空间数据的内容、质量、条件和其他特征进行描述和说明，帮助人们有效地定位、评价、比较、获取和使用地理相关数据。其中，对空间数据某一特性的描述，称为一个空间元数据项。空间元数据是一个由若干元数据项组成的集合。

元数据表述数据仓库中的多对象，遍及 DW 的所有方面，是 DW 中所有管理、操作的核心数据、信息目录。有了元数据，才可以最有效地利用 DW。在数据仓库系统中，要通过元数据来记录数据仓库所存储数据的结构及数据之间的关系，所采用的方式方法与传统的关系型数据库系统中数据字典相类似。这些元数据包括数据项的业务描述、类型、存取方法等数据项本身的信息，同时包括数据项间的关系的信息，一般按实体、属性和关系等三个方面来记录这些信息。

数据源中的数据要进入数据仓库，要经过抽取、过滤、检验、归并、聚集、装载和归档等处理，不同的数据在各个处理阶段可能要使用不同的处理过程，实施不同的处理动作。因此，元数据机制对各个数据要经过哪些处理、施加哪些操作分别记录在案。

数据仓库系统要定期根据数据源的变化，装载新的数据，对原有的数据进行整理，这些系统维护工作需要有一个时间安排，数据仓库系统中也要使用元数据机制来记录这些安排。

元数据机制还要动态记录系统对数据一致性维护的执行情况（马刚，2000）。

由于元数据来自不同的数据库 SQL、Oracle、DB2、Informax 等的平台。因此，必须在数据挖掘的最开始处，对元数据进行清洗、消毒、格式化等预处理（陈燕，2000）。

（3）中央数据仓库

中央数据仓库用多维数据库来实现，即以多维方式来组织和显示数据。空间维和时间维是空间数据仓库反映现实世界动态变化的基础，它们的数据组织方式是整个空间数据仓库技术的关键。多维数据库的结构类似超立方体，在实际分析过程中，可以按照需要把任意一维和其他维进行组合，以多维的方式显示数据，让人们从不同的角度来认识世界。

根据数据在数据仓库中的状态和作用，中央数据仓库中包含有元数据、当前数据、历史数据和综合数据等。

（4）数据仓库工具

数据仓库工具主要包括检索查询工具、多维数据的 OLAP 分析工具、统计分析及数据挖掘工具等。DW 应用是一个典型的 C/S 结构，其客户端的工作主要包括客户交互、格式化查询、可视化以及数据报表生成等；服务器端完成多种辅助的查询、复杂的计算和各类综合功能等。一般有 OLAP 服务器和 DM 服务器两种。

数据仓库系统的目标是提供决策支持，它不仅需要一般的空间信息查询和分析工具，更需要功能强大的分析和挖掘工具，它是数据仓库系统的重要组成部分。客户端的数据仓库工具包括查询工具、分析工具和挖掘工具。查询工具主要实现对分析结果的查询，如发展趋势或运行模式，而不是对记录级数据的查询，这类查询在数据仓库中是比较少的。数据仓库的查询工具还为用户提供可视化工具，充分利用人们的视觉能力，从多种不同的角度以各种不同的图表来表示数据，使人们能更方便、清晰地了解综合、分析和挖掘的结果，快速发现数据间的潜在关系，了解数据的复杂性和动态性。分析工具主要实现对数据仓库中的数据进行分析和综合。挖掘工具负责从大量的数据中发现数据的关系，找出可能忽略的信息，预测趋势和行为（李德仁和关泽群，2002）。

5.2.2 数据仓库系统的功能

数据仓库系统包括四个基本的功能部分（图5-2）。

（1）数据获取

从数据源获取数据，数据被区分出来，进行拷贝或重新定义格式等处理后，准备载入数据仓库。但由于作为的空间数据源是多样化的，不仅它们运行

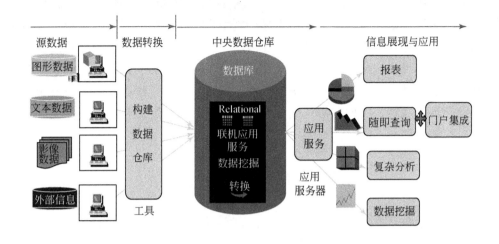

图 5-2　数据仓库系统的功能

的软硬件平台不同，其数据格式、存储方法等也大不相同。目前，对数据库进行互操作的关键技术主要有以下三种：多数据源的连接、库结构信息的获取、数据库的互操作。

（2）数据变换

对不同数据源抽取后，在对数据进行集成前，必须对来自不同数据源中的空间数据进行数据变换，因为空间数据存在着差异。数据变换的目的就是消除差异，这些差异表现在：空间特征表现差异、属性特征表现差异、时间特征表达形式差异、数据精度差异、数据整体表现的差异等方面。它包括数据清理、数据集成、数据变换、数据归约、数据加载等。

（3）数据存储和管理

负责数据仓库的内部维护和管理，包括数据存储的组织、数据的维护、数据的分发。

（4）信息展现与应用

属于数据仓库的前端，面向领导和一线工作人员——提取信息、分析数据集、实施决策。进行数据访问的工具主要是查询生成工具、多维分析工具和数据挖掘工具等。

具体过程如下：数据处理模块负责从各个操作型数据环境抽取数据，完成各数据源数据的抽取、清洗、整理，然后送入数据仓库存储。数据仓库中的数据按主题存放，主要是当前细节级数据。根据数据分析需求以及粒度划分算法，将数据仓库中的当前细节级数据，汇总成轻度综合级数据和高度综合级数据，分别存入各自的数据集市。当用户提出分析需求时，启动 Data

Mining 模块和 OLAP 模块，从汇总数据中提取数据进行联机分析和数据挖掘，得到分析结果后，由可视化工具产生用户可以理解的视图，供用户决策参考。用户还可以根据视图结果，提出新的分析需求，再重复前面的数据提取、分析、可视化显示过程，如此往复，直至用户得到满意的结果为止。全部操作过程都是在系统管理模块的控制下完成，系统管理模块除负责整个系统的调度和运行外，同时负责整个系统的维护，以及数据和功能的扩充（马刚，2000）。

5.3　数据仓库的数据模型

　　数据仓库中数据建模的方法，很多文献都建议采用三级的建模方法，即建立概念数据模型、逻辑数据模型和物理数据模型。数据仓库模型设计的最终目标是形成事实表和维表连接所构成的数据结构图（星形图或雪花图）（马刚，2000）。本书按三级模型来设计数据仓库的数据模型，即概念模型、逻辑模型和物理模型设计，最后完成数据结构星形图，形成一整套规范化的设计方法。

　　数据仓库的设计需要使用概念模型、逻辑模型、物理模型，且在不同的设计阶段，进行不同的建模。设计数据仓库时，也必须建立数据模型，数据仓库需要简明的、面向主题的模式，便于联机数据分析。作为数据仓库的灵魂——元数据模型则自始至终伴随着数据仓库的开发、实施与使用。数据粒度和聚集模型也在数据仓库的创建中发挥着指导的作用，指导着数据仓库的具体实现，如图 5-3 所示。

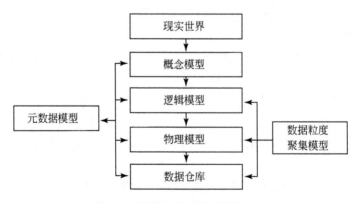

图 5-3　数据仓库的模型设计过程

5.3.1 数据仓库的概念模型

数据仓库的概念模型，也就是业务模型，是设计者与用户交流的工具，它不是建立一个业务用户及其行为的详细说明，而是交流对业务过程的认识，是土地利用总体规划决策者、知识专家和IT专家共同研究和分析业务系统需求分析的结果。一般运用 E-R 图的形式表示，图中各个对象（实体）间存在相互的联系。在 E-R 图中，用长方体表示实体，对应于数据仓库的主题，在框内写上主题的名字。椭圆表示主题的属性，并用无向边把主题和属性连接起来，用菱形表示主题之间的联系，菱形框内写上联系的名字。用无向边把菱形分别与有关的主题连接，在无向边旁标上联系的类型，可以分为星形模型和雪花模型，图 5-4 为某一地块的数据仓库的星形模型。

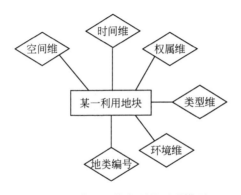

图 5-4　某一地块主题的星形模型

数据仓库以多维方式组织和显示数据。最流行的数据仓库数据模型是多维数据模型，这种模型可以是星形模型、雪花模型等形式。其中，采用较多的为星形模型，优点是建模方便，易于用户理解，并能支持用户从多个维度（如时间维、空间维、主题维度等）对数据进行分析。星形模型有两种类型的表构成：事实表和维度表。事实表包括业务事件的信息，这些信息用于查询。事实表中的信息有多个维度，每个维度对应一个表。维表包括相应维度的描述信息。

土地利用总体规划中空间维和时间维是反映土地利用系统动态变化的基础，其数据组织方式是整个数据仓库技术的关键。数据仓库的数据组织可分为虚拟存储方式、基于关系表的存储方式和多维数据库存储方式。本书采用基于关系表的星型数据模型，将数据仓库的数据存储在关系数据库的表结构中，在元数据的管理下，完成数据仓库的功能。

5.3.2 数据仓库的逻辑模型

数据仓库的逻辑模型用来构建数据仓库的数据库逻辑模型。尽管星形模型或雪花模型可在概念模型设计中建立数据仓库的概念模型，但无法直接依靠其实现数据仓库的物理模型，还需要根据分析系统的实际需求决策构建数据库逻辑关系模型，定义数据库物体结构及其关系。成为关联数据仓库的逻辑模型和物理模型两方的桥梁。

在进行逻辑模型设计时，一般需要完成分析主题域，确定装载到数据仓库的主题，确定粒度层次的划分，确定数据分割策略，确定关系模式的定义和记录系统的定义，确定数据抽取的模型等。

5.3.3 数据仓库的物理模型

数据仓库的物理模型是逻辑模型在数据仓库中的实现模式。主要包含数据仓库的软硬件配置、资源情况以及数据仓库模式，其中包括逻辑模型中各种实体表的具体化，如表的数据结构类型、索引策略、数据存放位置以及数据存储分配等。

5.4 县级土地利用总体规划数据仓库

数据仓库的主要目的在于：根据某一主题下的数据库，经过一系列的提取有用的数据、集成有价值的信息、利用数学方法及时找出这些信息的发展趋势（随时间变化趋势）即发现模型、评价模型、预测与分析模型，从而准确地作出决策。

传统的决策支持系统一般由模型驱动，由各种模型实现辅助决策。数据仓库的问世和广泛应用，为辅助决策提供了全新的途径。把数据仓库用于决策支持，不是单纯地依赖于模型，而是靠数据驱动辅助决策，其过程就是采集大量的历史数据，利用数据仓库技术完成大量数据的存储和访问，用数据产生的经验来辅助决策，还可以利用数据挖掘技术，在被采集的大量数据（这些数据都是经过加工和整理的）中，挖掘出隐含的未被认识的知识，依靠数据中存在的经验和知识辅助决策（马刚，2000）。

数据仓库中的数据不是简单的平面，而是立体的，既完整又全面，描述了决策所面向的事物主题，为决策提供了完整的全息视图，决策在这个全息视图上产生。同时，为了能在多维数据模型上完成分析，数据仓库又提出了一整套多维数据分析技术，开发出相应的多维数据分析工具——OLAP。

本书第 3 章建立的县级土地利用总体规划数据库只是 OLTP，仅完成了平面关系表的操作。在土地利用总体规划中有一个专题，需要进行土地集约与节约利用分析与评价。如果需要对 A 地块某一年用地节约与集约状况进行评价，就会涉及 A 地块位于某镇某村，年租赁（出让）给哪个企业用来生产什么产品，该年该地块的土地利用状况（绿化率、容积率、建筑密度），以及土地利用经济效率（该企业在单位面积上的投资额、税金状况）等，OLTP 就无法满足要求，为此，必须运用数据仓库的相关原理与方法，将存储在关系数据库中的数据，建立数据集市或数据仓库，作为多维立方体的源数据转换成星形数据结构或雪花型数据结构，采用 OLAP 分析方法真正实现多维数据表的分析和处理。

下面将对土地利用总体规划数据仓库相关问题进行探讨。

5.4.1 土地利用总体规划数据仓库的事实表与维度表

土地利用总体规划数据仓库的多维数据模型，利用多维分类机制来组织海量空间数据，建立立方或超立方数据模型。事实表是某一模型的维数一般由需求确定，地学查询分析一般分为时间维、空间维（地理区域维）、相关主题维（属性维），维又分割为不同的等级（粒度）或层次。时间维有其粒度层次年、月、旬、周、日、时；空间维可以划分为国家、省（自治区、直辖市）、市（地）、县（市）、乡（镇）、村、户；主题属性维包括土地自然环境维、土地经济维、土地权属维、土地上人口维、土地类型维、土地利用属性维等，可以根据不同的分析需要进行选择。另外，这些属性维还可以按照部门或土地类型的分级标准划分粒度层次，如土地自然环境维中土壤维，还可以根据分析的需要进行粒度细分，在类的下面，还可以分为亚类、种、亚种等。这样，在进行土地利用总体规划决策时，就可以从不同角度和不同层次对数据进行分析和挖掘。

图 5-5 是区域土地利用中事实表和相关维度表，为了实现相关研究目标，可以对相关维度或维度中的粒度进行选择。

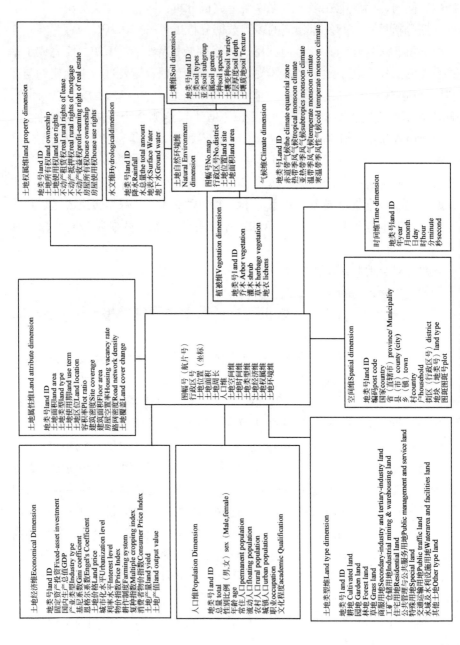

图5-5 土地利用总体规划数据仓库的事实表与维度表

5.4.2　土地利用总体规划相关主题的数据仓库创建

依据以上分析，本书以研究区一农用地利用的事实表为例，采用 Microsoft SQL Server 2005 对土地利用总体规划数据仓库建设作一示例，本数据仓库涉及土地利用事实表、土地自然环境维、经济维、空间维等。其过程如下。

（1）新建数据仓库的数据库

启动 SQL Server Business Intelligence Studio 后，通过 Microsoft SQL Server Analysis Services 设计器创建 Analysis Services 项目如图 5-6 和图 5-7 所示。

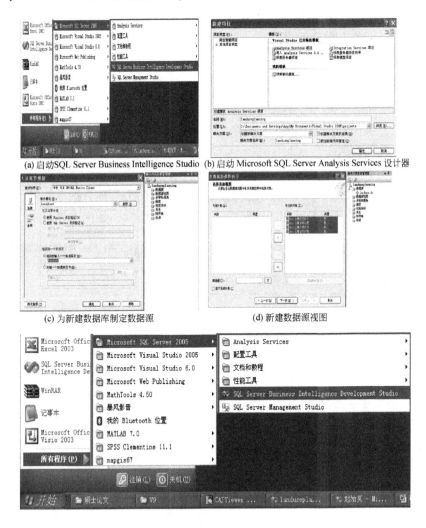

(a) 启动SQL Server Business Intelligence Studio　(b) 启动 Microsoft SQL Server Analysis Services 设计器

(c) 为新建数据库制定数据源　(d) 新建数据源视图

图 5-6　启动 SQL Server Business Intelligence Studio

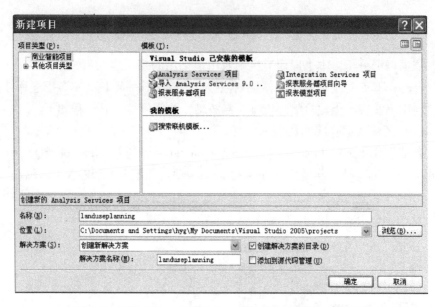

图 5-7　启动 Microsoft SQL Server Analysis Services 设计器

（2）设置数据源

构建数据仓库是用来满足决策的需要，其数据来自数据准备区和操作存储层。这些数据源既可以是经过对业务需求进行分析而专门建立的数据集合，也可以是其他文件，通过 OLE DB 获取其他数据库的数据，如图 5-8 所示。

图 5-8　为新建数据库制定数据源

（3）建立数据源视图（图 5-9）。

如图 5-9 建立数据源视图。

图 5-9 新建多维数据集

（4）数据转换服务

由于数据仓库是面向主题的，为了满足数据挖掘的需要，必须保证数据的格式是正确的。为此，涉及对分析目标有关的数据进行整理，将其转化为统一的格式，消除错误的数据和纠正数据中存在的各种问题，而这一过程是通过 ETL 工具将具有良好结构化的数据存储到数据仓库中。进入数据仓库的数据必须是经过数据提取、数据清理和数据转换，再进行数据加载（简称 ETL），即通常所说的数据转换服务（data transformation services，DTS）。

在 Microsoft SQL Server 2005 中，这一工作可以通过 SQL Server Business Intelligence Studio 中的 Integration Server 项目来调用 SSIS 设计器实现，如图 5-10 所示。

当然，数据转换不只是唯一途径，也可以通过 SPSS 公司的数据挖掘软件 Clementine（本书将在第 6 章介绍这一软件工具）。尽管 Clementine 是 SPSS 的核心挖掘产品，并不是专门的 ETL 工具，Clementine 支持整个从数据获取、转化、建模、评估到最终部署数据挖掘的整个流程，其数据清洗过程着重于面向数据挖掘分析。这一工具也是通过工作流来实现这一目标的，如图 5-11 所示。

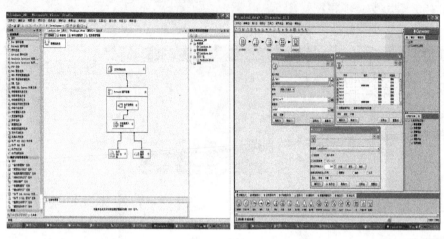

图 5-10　通过 Integration Server
项目实现数据 ETL

图 5-11　通过 Clementine 实现数据 ETL

5. 创建事实表

创建事实表（图 5-12）、维度表和多维数据集（图 5-13），该过程可采用多维数据集创建向导去完成。

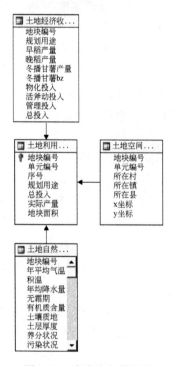

图 5-12　事实表与维度表

图 5-13 新建多维数据集

（6）存储多维数据集

设置存储是使用多维数据集前必须实现的工作。多维数据模型的实现有多种途径，其中主要有采用数组的多维数据库、关系型数据库以及两者相结合的方式，人们通常称之为多维 MOLAP、关系型 ROLAP 和混合 HOLAP，具体视实际情况确定。

（7）分析多维数据集

使用 OLAP 多维数据集根据主题对业务进行分析，可以快速定位符合不同条件的细节数据，更可以迅速得到某一层次的汇总数据。对多维数据集中的数据分析可以采用切片、切块、旋转等方式使用户从多个角度、多个侧面去观察数据仓库中的数据，也可以采用 DMX 语句进行复杂分析，深入了解数据后面所蕴涵的信息，挖掘有效的信息与知识。

（8）浏览多维数据集

可以通过 Microsoft SQL Server 2005 透视图浏览（图 5-14），也可以通过 Excel 中的数据透视表或透视图进行（图 5-15），还可以借用第三方软件 Pro-Clarity Analytics Platform Server 进行分析。

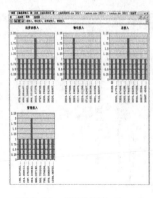 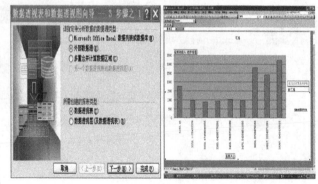

图 5-14　通过 SQL Server　　　　图 5-15　通过 Excel 浏览多维数据集
浏览多维数据集

5.5　本章小结

采用数据仓库技术实现决策支持系统是一种全新的辅助决策途径，数据仓库技术的目的是支持决策。本章在介绍数据仓库、空间数据仓库与数据仓库系统的基础上，对数据仓库的体系结构与功能进行了研究，探讨了数据仓库的三级建模方法，即概念数据模型、逻辑数据模型和物理数据模型，并采用程序图对土地利用总体规划空间数据仓库的研制与实现过程进行了说明。为了验证土地利用总体规划数据仓库设计方法的可行性，本书对土地利用总体规划数据仓库中所涉及的事实表和维度表进行了说明，并运用 Microsoft SQL Server 2005 作为数据库和数据仓库，以一区域农用地利用为例，对土地利用事实表、土地自然环境维、经济维、空间维等，对数据仓库创建全过程进行了示例，表明了土地利用总体规划中运用数据仓库技术是可行的。

第6章
县级土地利用总体规划数据
分析与挖掘

数据库技术快速发展，其存储的数据量也急剧增加，其中，数据的录入、查询、统计等功能也不断完善。但仅仅通过数据库本身的录入、查询、统计等功能是无法发现数据中存在的关系和规则的，更无法通过现有的数据去预测未来的发展趋势。由于缺乏挖掘数据背后隐藏的知识的手段，常常出现"数据爆炸但知识贫乏"的现象。所以要从海量数据库和大量繁杂信息中提取有价值的知识，进一步提高信息的利用率，必须有强有力的工具，数据挖掘技术应运而生。

数据挖掘和知识发现作为多学科相互交融和相互促进的新兴边缘学科，为决策者提供极有价值的知识，通过定量分析提供大量的分析数据，可为决策活动正确的判断提供可靠的支持。在规划领域引入决策支持系统，借助计算机技术、综合系统科学、管理决策科学和城市规划及其相关领域知识为决策者提供信息、方法和知识，建立规划决策的人机交互系统，为提高土地利用总体规划决策的科学性起到积极的促进作用（谢榕，2000；杜宁睿和李渊，2005；王建涛和王家耀，2005）。

6.1　数据联机分析处理与数据挖掘概述

6.1.1　数据联机分析处理

早期的数据库系统主要应用于日常事务的操作性处理，重点在于完成事务处理，短时间内给予用户响应，服务于操作型业务需求，称之为"操作型数据库"，即OLTP。随着业务应用不断拓展和市场竞争的不断加剧，OLTP已经不能满足需求，数据分析师和企业家们希望能从庞大的日常业务数据以及历史归档数据中，分析发掘出潜在的、规律性的、更有价值的信息，用于分析、判断和科学决策。这就推动了数据仓库的产生，即服务于分析型业务需求的系统，称之为"分析型数据库"，即联机分析处理（OLAP）。OLAP 分析过程在本质上是一个演绎推理的过程，是决策支持领域的一部分。如果说 OLTP 是告诉你数据库中有什么（what happened），OLAP 则更进一步告诉你下一步会怎么样（what next）及如果采取这样的措施又会怎么样（what if）。即用户首先建立一个假设，然后用 OLAP 检索数据库来验证这个假设是否正确。

利用 OLAP 技术，对多维数据进行切片、切块、钻取和旋转，对数据仓库中的数据进行深入的分析，可以得到立方体的切片、切块的示意图，有利于决策者作出科学决策（徐俊丽和赵庆祯，2002）。

6.1.2 数据挖掘

数据挖掘是空间决策支持系统的重要构成部分。SAS 研究所（2007）认为数据挖掘是"在大量相关数据基础之上进行数据探索和建立相关模型的先进方法"；Bhavani（1999）认为数据挖掘是"使用模式识别技术、统计和数学技术，在大量的数据中发现有意义的新关系、模式和趋势的过程"，而 Hand 等（2000）认为"数据挖掘就是在大型数据库中寻找有意义、有价值信息的过程"。

由此可知，数据挖掘（data mining，DM），是需要从大量的、不完全的、有噪声的、模糊的、随机的实际应用数据中，提取隐含在其中的、人们事先不知道的、但又是潜在有用的信息和知识的过程，是从大量数据中抽取潜在的有用信息的过程，是建立在数据仓库上的决策支持技术。同时，数据挖掘也是知识发现的过程，即用数据库管理系统来存储数据，用机器学习的方法来分析数据，挖掘大量数据背后隐藏的知识，称为数据库中的知识发现，如图 6-1 所示。

数据挖掘技术是一种决策支持技术，其依托于人工智能、机器学习、统计学等技术，高度自动化地分析数据仓库原有的数据，并进行归纳性推理，服务于科学决策的技术（李秋丹，2004），如图 6-2 所示。

数据挖掘的主要任务是通过分类、聚类、关联、回归、预测、序列分析、偏差分析，从已有数据中提取模式，提高已有数据的内在价值，并且把数据提炼成知识。

数据挖掘过程根据待发现的任务类别选择有效的发现算法对数据进行挖掘，并解释评估所发现的模式。在实际应用中，在将原始数据输入空间数据仓库前，为了提高数据的可用性，需要根据决策分析的主题，对数据进行重新归

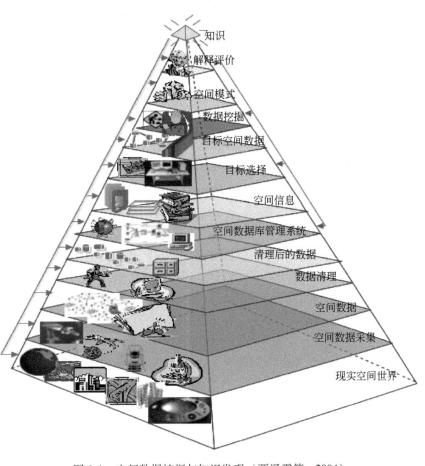

知识

解释评价

空间模式

数据挖掘

目标空间数据

目标选择

空间信息

空间数据库管理系统

清理后的数据

数据清理

空间数据

空间数据采集

现实空间世界

图 6-1　空间数据挖掘与知识发现（贾泽露等，2004）

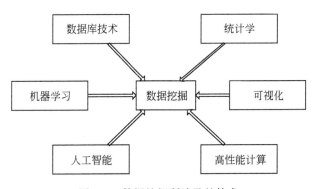

图 6-2　数据挖掘所涉及的技术

类组织，屏蔽掉一些原始数据，并根据决策分析所需对数据进行预先综合和统计。在此基础上，系统还根据用户的具体需要，调用系统中的模型、数据、工具等资源进行决策方案的生成、比较和选择（钱峻屏等，2002）。

6.2　空间数据挖掘

空间数据挖掘（spatial data mining，SDM），又称为空间数据挖掘和知识发现（SDMKD），指从空间数据库中抽取没有清楚表现出来的隐含的知识和空间关系，并发现其中有用的特征和模式的理论、方法和技术（李德仁等，2006）。

由于空间数据除包括空间位置、距离、几何形状、大小外，还含有高程、地质岩性与构造、植物的种类、气候的水平地带性和垂直地带性等丰富的隐含信息，并且可引申为空间个体之间的相互关系，如拓扑关系、方位关系、度量关系等，而这些隐含的信息只有通过数据挖掘才能显示出来，从而使得空间数据比其他类型的数据要更为复杂，主要表现在：空间属性之间的非线性关系、空间数据的多尺度特征、空间信息的不确定性、空间数据属性空间的高维数、空间数据的不完备性、空间数据量异常巨大等特点，使其中隐含着更多、更为复杂的知识，因而也使空间数据挖掘的研究更加困难和更具挑战性（刘永彬，2007）。

6.3　数据挖掘方法

根据有关研究，数据挖掘算法可以划分为三大类，即关联方法、分类方法和聚类方法，在上述方法的基础上，可以进一步细分如图 6-3 所示的数据挖掘算法。

空间数据比其他类型的数据要更为复杂，因为空间数据挖掘是在不同的空间概念层次（从微观到宏观）挖掘出上述各种类型的知识，并用相应的知识模型表示出来。所以，空间数据挖掘方法包括：概率论法、空间分析法、统计分析法、归纳学习法、空间关联规则挖掘法、聚类分析法、神经网络法、决策树法、粗集理论法、基于模糊集合论的、空间特征和趋势探测法、基于云理论的方法、基于证据理论的方法、遗传算法、数据可视化方法、计算几何方法以及空间在线数据挖掘等。

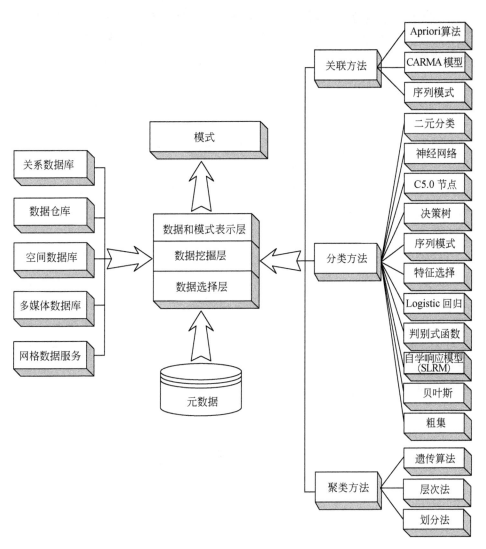

图 6-3 数据挖掘方法（根据徐洁磐等，2006；SPSS 公司，2007 整理）

6.4 数据挖掘的生命周期

数据挖掘和知识发现的生命周期大致可分为以下步骤：数据准备、数据选择、数据预处理、数据缩减或者数据变换、确定数据挖掘目标、确定知识发现算法、数据挖掘、模式解释、知识评价等，而数据挖掘只是其中的一个关键步骤。

数据挖掘是建立在数据仓库上的决策支持技术，是从大量数据中抽取潜在的有用信息的过程。其中，数据挖掘过程模型是确保数据挖掘工作顺利进行的关键。典型的过程模型有：①SPSS 的 5A 模型——评估（assess）、访问（access）、分析（analyze）、行动（act）、自动化（automate）；②SAS 的 SEMMA 模型——采样（sample）、探索（explore）、修正（modify）、建模（model）、评估（assess）；③跨行业数据挖掘过程标准 CRISP-DM（周海燕，2003）。目前有很多公司推出了数据挖掘的生命周期，例如 Tang 和 Jamie（2007）在《数据挖掘原理与应用——SQL Server 2005 数据库》一书中，将数据挖掘项目的生命周期分为数据收集、数据清理与转换、模型构建、模型评估、报告、预测、应用集成与模型管理八个部分。但目前以 SPSS 公司为主导提出的 CRIP – DM 标准比较有代表性。

该流程如图 6-4 所示，可将数据挖掘分为六个阶段，分别是业务理解、数据理解、数据准备、建模、评估与发展六个阶段。其中，业务理解是获取相关领域的知识与技术实施挖掘的信息关键；数据理解及准备是对现有数据进行定性分析、整合和检查，同时针对错误或不一致的数据进行规范的过程；建模即实际的挖掘阶段，根据数据发展模型和假设对发展出来的模型进行测试与核查；评估与发展即解释并使用挖掘出来的信息，并根据使用成效对现有模型提出改进建议，以便进一步挖掘。

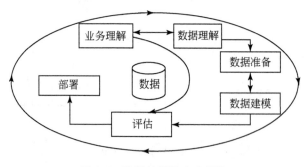

图 6-4　数据挖掘的生命周期

6.5　数据分析与挖掘工具选择

6.5.1　数据分析与挖掘工具概述

按数据挖掘的应用范围可以将挖掘工具分成专用型数据挖掘工具和通用型

数据挖掘工具。当前比较有代表性的国外数据挖掘软件有：

DBMiner（图 6-5）是加拿大 Simon Fraser 大学（简称 SFU）智能数据库研究所开发的商品化数据仓库与知识发现集成系统。该研究所的学术带头人韩家炜（Jiawei Han）教授是国际上最著名的几个 KDD 专家之一。DBMiner 的前身是 DBLearn，是一种具有代表性的数据挖掘软件，是最先被开发并投入使用的一批数据挖掘软件的代表。DBMiner 通过 ODBC 连接多种数据库源（Oracle，Sybase，SQL sevet Sybase，Xbase Text 等）。把数据仓库、多维数据库和数据采掘技术集成在一个紧凑的系统中，实现了切片（dicing）、切块（slicing）、旋转 pivoting 和下钻（drilling down）以及高效的数据采掘语言（DMQL）等数据采掘的功能，另外，DBMiner 提供了直观的图形用户界面、可视化的数据浏览工具，以及联机事务分析（OLAP）和联机分析采掘（OLAM）能力，能完成多种知识的发现：泛化规则、特性规则、关联规则、分类规则、演化知识、偏离知识等。同时，它还可以与许多其他的工具集成，如与微软 SQL Server、Analysis Server 和 Excel 提供的诸如 OLAP、数据聚类或关键表功能集成，连接多种数据源，实现关系数据库和多维数据库上的联机分析和数据挖掘，具有良好的开放性特征。但是 DBMiner 的快速立方技术是基于内存中的多维数组，所以 DBMiner 要求计算机内存较大；由于是面向数据而不是面向主题的，在对多个表综合涉及前，用户还必须首先建立视图等不足。

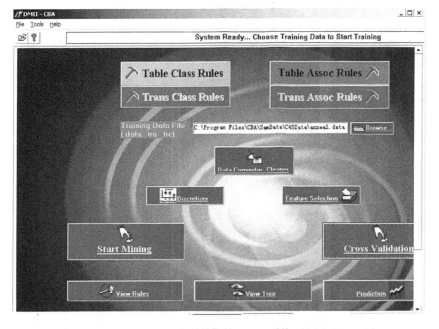

图 6-5　Salford Systems 公司早期的 CART 系统（Salford，1989）

MineSet（图6-6）是由 SGI 公司和美国 Stanford 大学联合开发的多任务数据挖掘系统。它是一个主要针对市场和营销专家、金融分析家、保险商以及任何需要进行数据分析的集成工具包，对于希望为商业和科学目的编写决策支持应用程序的程序开发员，MineSet 也提供了接口。该系统的主要组成模块包括：工具管理器、数据处理器、服务器应用程序引擎、可视化工具组、WEB 发布器、列重要性分析（从数据表中分析出重要的数据列）、聚类分析、关联分析、分类分析、预测分析等。同时，SGI 还通过整合 MineSet 分析及可视化数据挖掘工具、SGI 企业服务器以及第三方应用软件，向用户提供完整的智能商务解决方案。

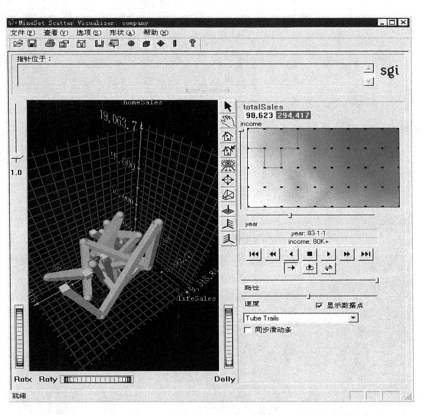

图6-6　MineSet 具有管状运动轨迹的散点可视化工具示例
(Sandra 和 Helem, 2000)

Intelligent Miner 是由美国 IBM 公司开发的数据挖掘软件。它是一种分别面向数据库和文本信息进行数据挖掘的软件系列，支持分类、预测、关联规则产生、聚类、顺序模式侦测和时间序列分析的算法，通过使用复杂的数据可视化技术和一个基于 Java 的用户界面（主要面向有经验的用户）来增强它的可用性，支持 DB2 关系数据库管理系统，并集成了大量复杂的数据操纵函数，可以自动实现数据选择、数据转换、数据挖掘和结果显示，提供了自己的智能商务解决方案。Intelligent Miner 包括分析软件工具 Intelligent Miner for Data 和 Intelligent Miner for Text。其中，Intelligent Miner for Data 可以挖掘包含在数据库、数据仓库和数据中心中的隐含信息，帮助用户利用传统数据库或普通文件中的结构化数据进行数据挖掘，目前已经成功应用于市场分析、诈骗行为监测及客户联系管理等；而 Intelligent Miner for Text 允许企业从文本信息进行数据挖掘，文本数据源可以是文本书件、WEB 页面、电子邮件、Lotus Notes 数据库等。

SAS Enterprise Miner（图 6-7）由 SAS 公司开发，是一种通用的数据挖掘工具，提供"抽样 – 探索 – 转换 – 建模 – 评估"的处理流程，其中包含了聚类分析、神经网络分类、关联及序列模式分析、多元回归模型、决策树等多种模型，可以与 SAS 数据仓库和 OLAP 集成，实现从提出数据、抓住数据到得到解答的"端到端"知识发现（李秋丹，2004）。用于帮助客户发现业务趋势，解释已知事实，预测未来结果，并识别出完成任务所需的关键因素，以实现增加收入、降低成本。Enterprise Miner 在上海宝钢配矿系统中和中国铁路在春运客运研究中都得到了很好的应用。

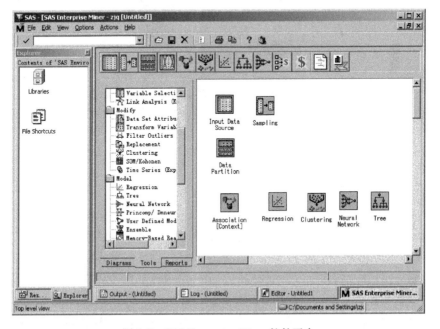

图 6-7　SAS Enterprise Miner 软件平台

SQL Server 2005 with Data Mining（图 6-8）是 Microsoft 最新数据库平台 SQL Server 2005 中的数据挖掘组件，是数据挖掘工具的典型代表。该平台集成了贝叶斯算法、决策树算法、时系算法、聚类算法、Microsoft 序列聚类算法、Microsoft 关联规则算法和 Microsoft 神经网络算法，实现所有的 SQL Server 产品实现了集成，包括 SQL Server、SQL Server Integration Services 和 Analysis Services，具有易用性、可伸缩性和可扩张性特点，同时包含着简单而丰富的 API（Tang and Jamie，2007）。

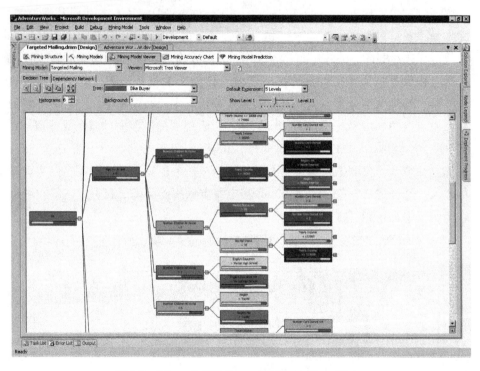

图 6-8　Microsoft SQL Server 2005 with Data Mining
（Microsoft，2005）

SPSS Clementine（图 6-9）是 SPSS 公司收购 ISL 获得的数据挖掘工具，是一个开放式数据挖掘工具，曾两次获得英国政府 SMART 创新奖。它提供了一个可视化的快速建立模型的环境，由数据获取、探察、整理、建模和报告等部分组成，使用一些有效、易用的按钮表示，可视化的用户界面，使得数据挖掘更加直观交互，从而可以将用户和专家的知识在每一步中更好地利用。它不但支持整个数据挖掘流程，还支持数据挖掘的行业标准（CRISP-DM），有利于指导用户以最便捷的途径找到问题的最终解决办法。

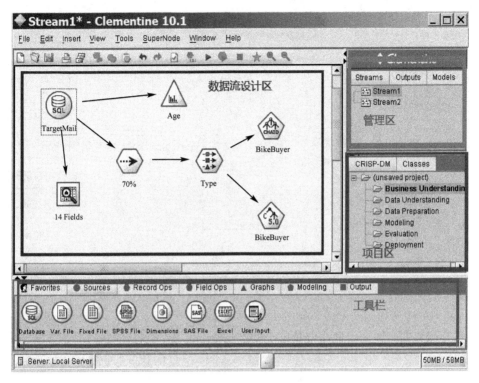

图 6-9　SPSS 的数据挖掘工具 Clementine

除以上外，国际市场上众多公司针对不同的市场推出了自己的数据挖掘产品，如统计软件公司推出的数据挖掘软件还包括基于 STATISTICA 的 DataMiner 模块、S-PLUS 及 MATLAB、Mathematic 的数据挖掘模块等（戴稳胜等，2004）。

目前，国内大多数相关成果商品化成软件的还很少。其中，MSMiner（图 6-10）由中科院计算技术研究所智能信息处理重点实验室开发，是一种多策略知识发现平台，能够提供快捷有效的数据挖掘解决方案，提供多种知识发现方法。南京大学的数据库知识发现方法研究组研究的 Knight 系统是一个通用的数据挖掘系统，对涉及的数据无既定的领域要求，可以用来处理不同领域的采掘任务。清华大学、北京大学等单位也相继展开了对数据挖掘的理论和应用的研究（周海燕，2003）。

6.5.2　空间数据挖掘

空间数据挖掘最有影响力的是加拿大 Simon Fraser 大学计算机科学与工程

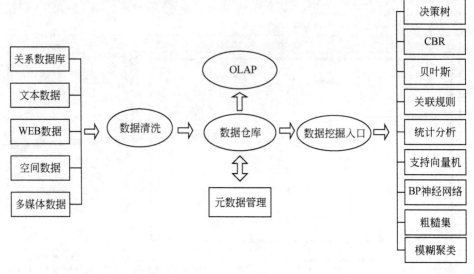

图 6-10　多策略数据挖掘平台 MSMiner（秦亮曦等，2003）

系智能数据库系统研究室开发的空间数据挖掘系统原型 GeoMiner。该系统在空间数据库建模中使用 SAND 体系结构，GeoMiner 包含有三大模块：空间数据立方体构建模块、空间联机分析处理（OLAP）模块和空间数据挖掘模块，采用的空间数据挖掘语言是 GMQL。目前已能挖掘三种类型的规则：特征规则、判别规则和关联规则。GeoMiner 的体系结构如图 6-11 所示，包含四个部分：①图形用户界面，用于进行交互式地挖掘并显示挖掘结果；②发现模块集合，含有上述三个已实现的知识发现模块以及五个计划实现的模块（分别以实线框和虚线框表示）；③空间数据库服务器，包括 MapInfo、ESRI/Oracle、SDE、Informix 以及其他空间数据库引擎；④存储非空间数据、空间数据和概念层次的数据库和知识库。

　　武汉大学李德仁、王树良与李德毅等提出云模型、数据场、地学粗空间和空间数据挖掘视角等新技术，构建空间数据挖掘金字塔，研究空间数据挖掘的数据源，导出空间观测数据清理的"李德仁法"，研究基于空间统计学的图像数据挖掘，提出"数据场 – 云"聚类、基于数据场的模糊综合聚类和基于数学形态学的聚类知识挖掘算法，研究基于归纳学习的空间数据挖掘、基于概念格的遥感图像数据挖掘和 GIS 数据挖掘，结合滑坡监测、银行经营收益分析及选址评价、遥感图像土地利用分类、土地资源评价、火车运行安全检测等实际例子系统研究空间数据挖掘可操作性，并在此基础上自主研制了空间数据挖掘原型系统 GISDBMiner 和 RSImageMiner（李德仁等，2006），随着空间数据挖掘

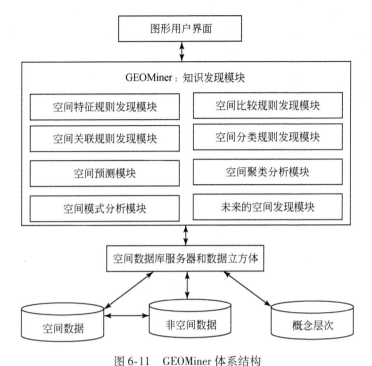

图 6-11　GEOMiner 体系结构

工具的应用普及，这一技术必将更加促进土地利用总体规划的空间决策支持。

6.5.3　土地利用总体规划决策支持系统数据分析与挖掘工具选择

本书以 Microsoft SQL Server 2005 作为数据库和数据仓库，而选择第三代数据挖掘软件 SPSS Clementine 作为土地利用总体规划的挖掘工具。因为它具有以下优点：①这是一个开放式数据挖掘工具，支持整个数据挖掘流程和行业标准（CRISP-DM），有利于指导用户以最便捷的途径找到问题的最终解决办法；②土地利用规划涉及众多社会经济问题，而 SPSS 是社会科学统计软件包，具有处理这一问题的优势；③与 Excel 表格等能够无缝地进行数据输入与数据管理，数据接口较为通用，能方便地从其他数据库中读入数据；④Clementine 作为前端分析和挖掘工具，支持与数据库提供商提供的数据挖掘和建模工具的集成，其中的数据库提供商包括 Oracle Data Miner、IBM DB2 Intelligent Miner 和 Microsoft Analysis Services 2005 集成，可将 Clementine 分析功能和易用性与数据库的功能和性能紧密结合，且兼备数据库提供商所提供的数据库自有算法；⑤模型在数据库内创建，然后可以借助 Clementine 界面以正常方式浏览模型并为之评分，必要时还可使用 Clementine Solution Publisher 来对模型进行部署。

本书中的县级土地利用总体规划采用了 Microsoft SQL Server 2005 作为数据库和数据仓库，现选择 Clementine11 与 Microsoft Analysis Services 2005 集成进行的数据挖掘，如图 6-12 所示。两者集成后，Clementine 除支持 Analysis Services决策树、聚类、关联规则、Naive Bayes、线性回归、神经网络、Logistic 回归的算法外，还可以发挥自身所具有的其他挖掘算法优势。

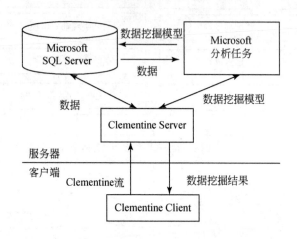

图 6-12　模型构建过程中 Clementine 与 Microsoft
Analysis Services 2005 之间的数据流

选择 Clementine 与 Microsoft Analysis Services 2005 集成进行的数据挖掘，需要对 SQL Server、Analysis Services 与 Clementine 进行配置（SPSS 公司，2007）。

1）配置 SQL Server。在 SQL Server 主机上创建以下注册表键：HKEY_LOCAL_ MACHINE \ SOFTWARE \ Microsoft \ MSSQLServer \ Providers \ MSOLAP 为该键添加如下 DWORD 键值：AllowInProcess 1。

2）配置 Analysis Services。将 DataMining \ AllowAdHocOpenRowsetQueries 的值更改为 True（默认值为 False）；将 DataMining \ AllowProvidersInOpenRowset 的值更改为 sqlncli. 1（无默认值）。

3）配置 Clementine。在 Clementine "工具" – "辅助应用程序" 下选择 Microsoft 项，再配置分析服务器主机、分析数据库、SQL Server 连接等配置即可，如图 6-13 所示。

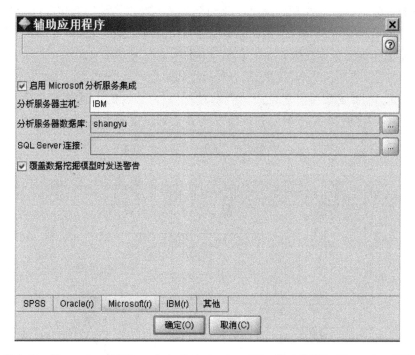

图 6-13　Clementine 与 Microsoft Analysis Services 2005 集成挖掘的 Clementine 设置

6.6　县级土地利用总体规划中数据挖掘的应用

土地利用总体规划涉及自然、社会、经济等数据，如何科学合理地进行土地规划，提高土地的生态、经济和社会效益，关键在于揭示土地利用与粮食安全、经济发展和环境保护之间的关系，这就离不开对多维数据进行分析和挖掘，而挖掘前必须创建多维数据集和数据挖掘模型。下面首先结合土地利用总体规划中建设用地的需求预测与节约集约利用对数据挖掘的星形和雪花模型作一说明；随后运用农用地利用状况的数据，举例说明如何运用 Microsoft SQL Server 2005 及 Analysis Services 与数据挖掘工具 Clementine11 集成进行数据分析与挖掘，验证本书所提出方案的可行性。

6.6.1　数据挖掘模型

（1）建设用地供求预测数据挖掘模型

由于县域建设用地需求量预测也是土地利用总体规划中一个重要问题，而建设用地的最原始需求是人们对于生活水平提高产生的需求，经济发展、投资

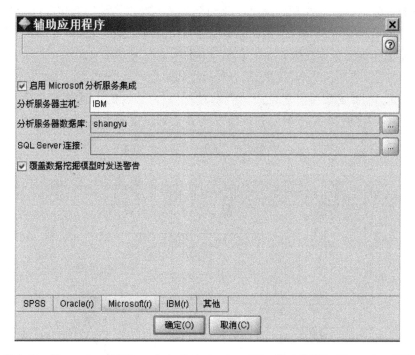（此为对话框界面）

辅助应用程序

☑ 启用 Microsoft 分析服务集成
分析服务器主机：　IBM
分析服务器数据库：　shangyu
SQL Server 连接：
☑ 覆盖数据挖掘模型时发送警告

SPSS　Oracle(r)　Microsoft(r)　IBM(r)　其他
确定(O)　取消(C)

环境的变化、城市化水平的提高以及利率水平、物价指数的变化等都会影响建设用地需求的变化，所以建设用地是由多种因素决定的，图 6-14 是县域建设用地需求量预测数据挖掘模型的星型结构图，可以表述为

$$M_i = f(P_m, P_e, R, r, E, \mathrm{GDP}, I, P_r, C, \cdots)$$

式中，M_i 为县域某年份建设用地需求量；P_m 为土地的出让价格；P_e 为人们对国家整体物价指数的预期；R 为人均货币收入；r 为利率水平；E 为恩格尔系数；GDP 为国内生产总值；I 为固定资产投资；P_r 为人口；C 为城市化水平。

李力等（2006）通过对四川郫县的历史资料研究，运用了 1996 年及 1999 ~ 2004 年的数据，进行了该县建设用地的需求量预测。

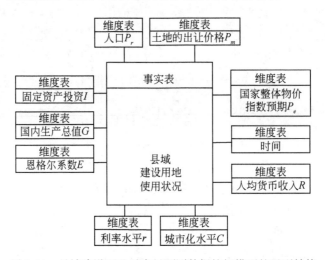

图 6-14   县域建设用地需求量预测数据挖掘模型的星型结构

（2）建设用地节约集约利用挖掘模型

目前要实现土地资源可持续利用，必须实行"两型"（资源节约型和环境友好型）规划，为此，土地的节约与集约利用就成为必不可少的研究内容。

由于经济发展用地与区域人口、经济总量规模、经济增长速度、国民生产总值、固定资产投资、产业结构调整、城镇化、消费结构、人民生活水平、国家政策（退耕还林、西部开发）、各业用地、耕地、公共设施用地以及后备资源密切相关，所以土地节集约利用涉及土地利用结构及与之相对应的产业结构，农村、城镇人均建设用地容积率，城乡、区域统筹协调，统一配置、优化，土地利用的用途达到适宜用途和程度达到成本效益的最大化，以及各业用地节约集约［农业、工业、商业、住宅（城镇农村）、绿化用地］之间的关

系。因此，进行分析时涉及用地现状、用地潜力等，是十分复杂的问题，但如果通过数据仓库技术，运用数据挖掘模型就可以解决这样复杂问题，如图6-15所示的雪花模式。

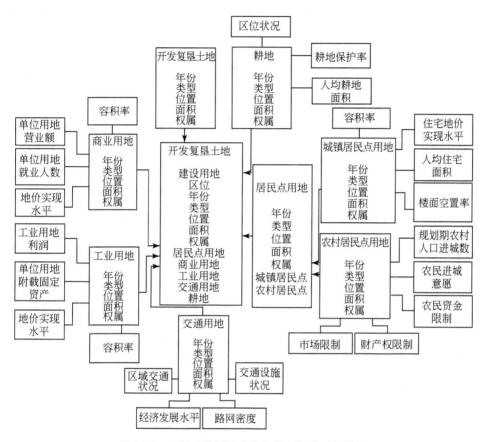

图 6-15 县域建设用地节约集约利用的雪花结构

6.6.2 基于 Analysis Services 与 Clementine11 的数据分析与挖掘

Analysis Services 与 Clementine11 的数据分析与挖掘一般要经过五个步骤：

现对土地利用总体规划中区域农用地利用状况所涉及的部分数据，以 SQL Services 2005 作为数据库（仓库）、Clementine11 作为数据挖掘工具进行实证，但 SQL Server 与 Clenmentine 的两者接口要进预先设置完成。

1）将原数据经过 Clementine 净化、消毒、过滤和填充后，将数据从平面文件上载到 SQL Server 2005 的数据库中（图6-16）。

2）运用 SQL Server 2005 的数据库中数据，经过记录选项和字段选项处理后，可以输出为所需要的表格、矩阵或导出到 SPSS 或 Excel，供分析或其他使用（图 6-17）。

3）进行数据挖掘。这可以采取两种方式：一是采用数据库自有算法构建模型进行数据挖掘（图 6-18）；另一方式是导出 SQL Server 2005 的数据库中数据，采用 Clementine 进行相关挖掘计算和模型构建（图 6-19）。

4）运用 Clementine 对所挖掘的模型进行分析或评估，模型评估涉及运用收益图、响应图、提升图、利润图、投资回报图等多种方法，详细参考 Clementine 挖掘有关说明（图 6-20）。

5）部署用于数据库内评分的模型，即对评估结果满意的模型进行部署（图 6-21）。

由此可见，这一解决数据分析与挖掘的方案可以满足土地利用总体规划空间决策支持系统的需求。

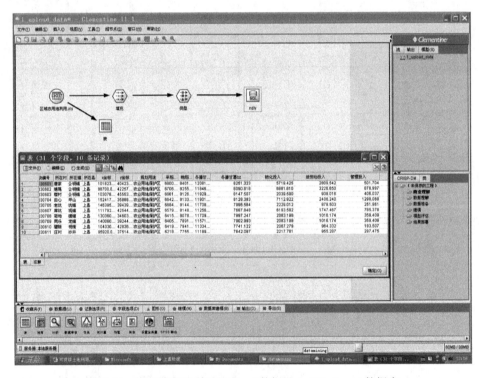

图 6-16 将区域农地利用的 Excel 数据导入 SQL Server 数据库

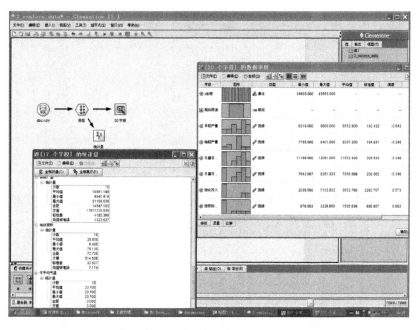

图 6-17　将区域农地利用输出为所需要的表格或统计量

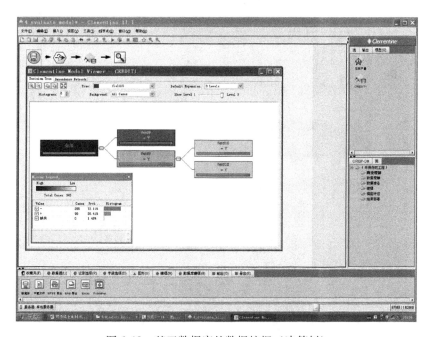

图 6-18　基于数据库的数据挖掘（决策树）

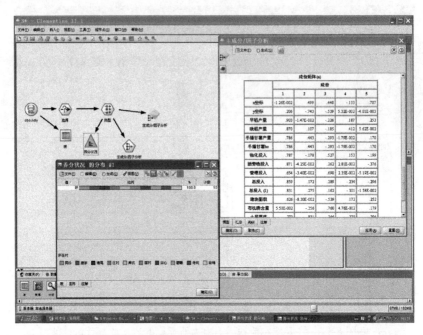

图 6-19　对区域农地利用数据进行分析（主成分）

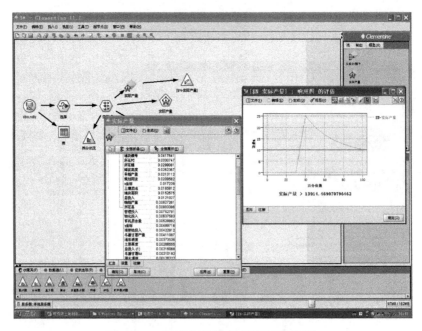

图 6-20　对所挖掘的模型进行分析或评估

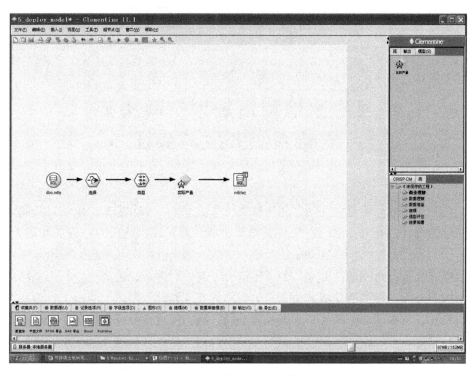

图 6-21　部署所挖掘的模型

6.7　本 章 小 结

　　现有的数据库可以高效地实现数据的录入、查询、统计等功能，但无法发现数据中存在的关系和规则，导致"数据爆炸但知识贫乏"的现象。数据挖掘可以根据现有的数据预测未来的发展趋势，对提高土地利用总体规划决策的科学性起到积极的促进作用。本章在系统介绍数据挖掘的模型和方法的基础上，对数据挖掘的流程进行了分析，探讨了国内外数据挖掘的工具的优缺点及其应用条件，本书选择了第三代数据挖掘软件 SPSS Clementine 作为数据挖掘平台，并且以 Microsoft SQL Server 2005 后台数据库，将 Analysis Services 与 SPSS Clementine 相结合，不仅可以实现数据的净化、消毒、过滤和填充，还可以高效地完成数据的分析和挖掘，为土地利用总体规划的数据处理、分析与挖掘提供了一套完整的解决方案。

第 7 章
县级土地利用规划空间决策
支持系统开发与实证

县级土地利用总体规划空间决策支持系统是一个十分庞大的系统，要完成系统的设计、开发与运行，完全实现其功能，需要强大的人力、物力和财力。本研究重点是始终围绕着基于县级这一中观视角研究解决县级土地利用总体规划空间决策支持问题的方案。为了验证方案的可行性，在前文土地利用总体规划的业务需求与功能需求分析、系统开发的原则和开发模式的基础上，初步开发开发了县级土地总体规划空间决策支持系统，实现部分规划信息服务和决策支持功能，并以浙江上虞市土地利用总体规划为例，从决策支持模型、空间决策支持分析、WebGIS 为手段的公众参与土地利用总体规划群决策三个方面进行了实证。

7.1 县级土地总体规划空间决策支持系统

本系统选择 MapGIS6.7 桌面、组件及其开发包作为空间信息分析平台，实现土地利用总体规划空间信息的获取、分析、存储；借助 MATLAB7、MAT-COM4.5 及其组件强大的数学运算和建模功能作为土地利用总体规划决策支持模型工具，将 MATLAB 的 m 文件（MATLAB 执行文件）转化为组件（DLL）或可执行文件（EXE），借助 VC^{++} 或 VB 等编程工具，将决策支持模型成功地嵌入到 GIS 中，实现空间数据与属性数据的无缝集成。同时，为了实现可持续土地利用总体规划的决策，以人为本，广泛吸收公众参与到土地利用总体规划的全过程，实现领导、规划师与公众的群决策，本书还设计了基于 WebGIS 的公众参与规划决策与咨询子系统。

7.1.1 系统的主界面设计

系统以 GIS 组件为平台，嵌入模型系统，主界面如图 7-1 所示。

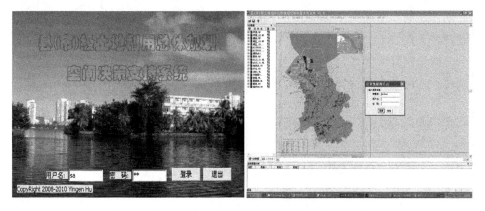

图 7-1　县市级土地利用总体规划空间决策支持系统

7.1.2　系统的模型设计

土地利用总体规划决策中涉及许多模型，本书根据县级土地利用总体规划的相关要求，选择了部分预测模型、评价模型、优化模型等模型方法，构成土地利用总体规划空间决策支持模型体系，如图 7-2 所示。但是，土地利用总体

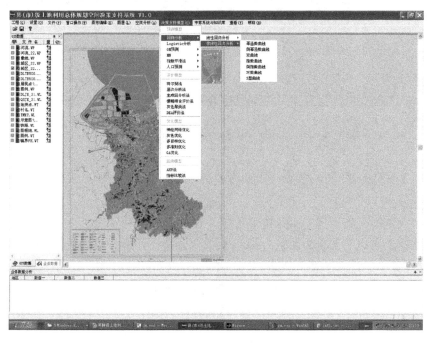

图 7-2　县市级土地利用总体规划决策支持模型体系

规划涉及的模型远不止这些，在实际应用中还可以根据相关要求编写程序来定制模型系统。

现运用其中的灰色预测模型 GM（1，1）测算浙江上虞市 2010 年的人口规模，运用该系统运算所得的结果如图 7-3 右部分所示。

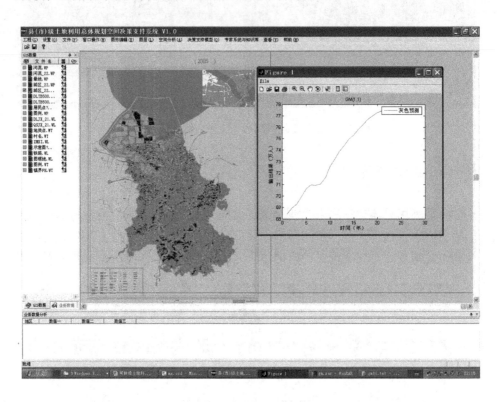

图 7-3　县市级土地利用总体规划决策支持模型

7.1.3　公众参与决策与咨询系统设计

基于 MapGIS 的 WebGIS 技术和相关技术，应用开发的公众参与群决策的 WEBGIS，可以将规划方案通过网络发送到公众，并通过收集公众提交参与规划的意见，通过网络及时反馈。

按照第 3 章的基于 GIS 的公众参与规划与群决策信息支持技术，本书设计了公众参与决策与咨询子系统，界面如图 7-4 所示。

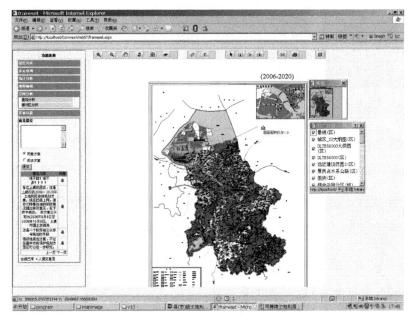

图 7-4　基于 WEBGIS 的公众参与规划咨询与决策子系统

7.1.4　其他子系统

能够实现属性数据和空间数据的转化、存储、分析等功能，可以完成规划的编制与修编，可以实现规划成果的管理。另外还设计了一个知识库，存储相关知识和法律法规文档等。

由于采用 Microsoft SQL Server 2005 作为数据库与数据仓库，技术已经成熟，本书已经运用其完成了部分表格及文本书件的入库；借助 MapGIS 及其组件完成了上虞市部分空间数据入库。

第三代挖掘根据软件 Clenmentine11 能较好地进行数据的净化、消毒、过滤和填充，可以与 Microsoft SQL server 2005 无缝集成实现属性数据的分析与挖掘，本书也进行了实证。

7.2　县（市）级土地总体规划空间决策支持系统实证
——浙江上虞市

在参与土地利用总体规划方案可行性论证、编制和实施过程中，笔者切身体会到现行的信息系统或编制系统已无法满足实际工作需求，迫切需要将信息系统与决策支持系统进行集成，提供一套完整的解决方案，这也是本研究的缘由和动机。为了进一步验证本研究所提方案的可行性与系统集成的有效性，特选浙江上虞市土地利用总体规划部分内容加以实证，因为这一规划由浙江省土地勘测规划院主持完成，笔者曾到该院就系统开发与应用问题征询过有关土地利用总体规划专家和领导的意见，并到过案例区进行实际调研。

7.2.1 浙江上虞市概况

7.2.1.1 地理位置和自然条件

上虞，是国务院批准的首批沿海开放城市和杭嘉湖高科技区成员单位。位于浙江省东北部，宁绍平原之腹，位于东经120°38′35″～121°07′01″，北纬29°43′19″～30°13′16″，南北长61km，东西宽45km，呈南北狭长形。东与余姚市接壤，离宁波67km，南与嵊州市为邻，西与绍兴县相接，距杭州78km，北接杭州湾与海盐隔水相望。上虞市现辖3个街道、18个乡（镇），全市现有人口78万，地域面积1402.5km²，是一个"五山一水四分田"的县级市，上虞市位置图如图7-5所示。

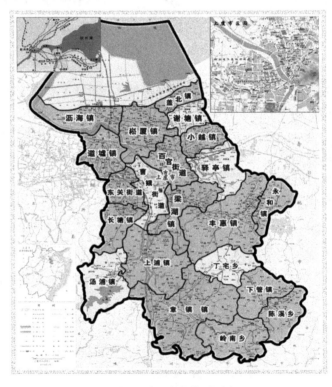

图7-5 上虞市位置图

由于长期的地质历史和地貌演变，上虞市境内出现了自南而北、由高到低的阶梯状地貌类型，它大致可分：南部低山丘陵，中部曹娥江、姚江水系河谷盆地，北部水网、滨江平原和钱塘江水域。其中，南部低山丘陵与北部水网平原面积各占约30%，河谷盆地占25.4%，钱塘江水域占14.6%。

上虞市地处亚热带北缘，属东亚季风盛区，季风显著，四季分明，湿润多雨，台风、干旱和洪涝是主要灾害气候。据统计，年降雨量1464.8mm，无霜期240天，≥10℃平均积温5243.0℃，持续时间241天，平均气温16.5℃，年日照时间1900.6小时，年总辐射量105kcal/cm^2，所以全市雨量充沛，无霜期长，有利于喜温湿作物生长。另外，七月份是一个重要的雨季，占全年雨水量的12%，利于伏旱的解除，便于晚稻播种，具备了"三熟"耕作制度的特有条件。但是五年三害的洪涝灾害，十年七次的旱灾和九年三遇的台风，又严重妨碍了农业生产。

7.2.1.2 社会经济概况

1）上虞人文资源较为丰富。公元前222年置县，距今已有2000多年历史，是浙江省建县最早的县市之一。境内拥有"江南第一庙"曹娥庙、"东山再起"娥江景、英台故里祝家庄、白马湖畔春晖园等名胜古迹，还是世界最早的青瓷发源地。

2）上虞交通条件较为优越。上虞处于上海、杭州、宁波三大城市中间，是浙江、浙南重要的交通枢纽，素有"九县通衢"之称。境内铁路、公路、水路齐全，一条铁路、两条高速公路和杭甬运河贯穿全境，距离萧山国际机场仅45km，并拥有杭州湾南岸唯一的出海港口——上虞港。经过近几年的建设，城市基础设施明显改善，各项配套功能日益完备，城区建成区面积达11km^2，一个具有江滨特色、交通枢纽型的现代化生态新兴城市已初具规模。

3）上虞经济基础扎实。农业已初步形成农、林、牧、副、渔各业全面发展，粮、棉、油、茶、茧持续增产的格局。工业门类齐全、结构合理，机电、轻纺、化工成为支柱行业。建筑业发展迅速，现有上等级企业97家，其中一级资质企业9家，二级资质企业32家，是浙江省政府首批命名的"建筑之乡"。1992年以来，已连续三次荣获全国农村综合实力百强县（市）称号，先后被列为全国百名财政大县、全国粮食大县（市）、全国商品棉生产基地县、全国体育工作先进县（市）、全国科技工作先进县（市）。至2003年年底，上虞市已累计批准外商投资项目585家，总投资14.30亿美元，协议利用外资6.12亿美元，实际利用外资3.41亿美元。2003年上虞市城镇居民人均可支配收入12 680元，农村居民人均纯收入6328元。

4）上虞市文教事业发达。上虞市现有小学 173 所、初中 34 所、普通高中和职业高 17 所、大学 2 所；各级重点、示范、窗口学校 49 所，其中国家级、省级学校 19 所。普通中学在校学生 4.36 万人，小学在校学生 6.23 万人，义务教育学龄人口入学率达 99.97%。

5）上虞科技进步优势较为明显。先后被评为全国科技进步先进县（市）、浙江省技术创新试点县（市）、全国专利工作试点城市和全国科技兴市示范基地。

7.2.2 土地利用总体规划决策支持模型——供需预测

浙江上虞市新一轮土地利用总体规划修编（2004～2020 年）由浙江省土地勘测规划院赵哲远副院长主持。由于上虞市规划修编从 2004 年开始，规划基期为 2004 年，目标年 2010 年，展望 2020 年。鉴于此，最近年的部分资料还没有来得及更新。下面根据规划课题组收集的浙江上虞市有关统计和调查资料，按照本书提出的解决方案，运用 MATLAB7 及其组件作为土地利用总体规划空间决策支持系统的决策模型工具，根据数据特点和当地的实际情况，分别运用预测模型，对上虞市人口、农用地潜力、建设用地需求量等进行预测，限于篇幅，略去预测过程，预测有关结果如下。

7.2.2.1 人口预测

运用数据库中上虞市历年人口统计表，根据系统中提供的散点图和相关模型，分别运用对数曲线、人口自然增长法、一元线性回归模型对常住人口预测、暂住人口预测、城镇人口预测。其中，由于近年上虞市暂住人口处于高速增长期，年增长率达到 31%，考虑到暂住人口（机械增长人口）增长速度目前正处于高峰期，规划期间将渐趋平缓，增长率需要分段，然后预测人口数量。在 2004 年 6 月暂住人口（机械增长人口）87 162 人的基础上，预测暂住人口（机械增长人口）的三个高、中、低方案中，机械增长率 2004～2010 年分别取 15%、12%、8%，2011～2015 年分别取 10%、8%、6%，2015～2020 年分别取 6%、4%、2%。结果如表 7-1 所示。

表 7-1 上虞市规划年总人口预测表（三个方案）　　　单位：万人

年份	方案一（高）			方案二（中）			方案三（低）		
	常住人口	暂住人口	总人口	常住人口	暂住人口	总人口	常住人口	暂住人口	总人口
2010	84.48	23.19	107.67	84.48	19.27	103.75	84.48	14.94	99.42
2020	84.48	49.97	134.45	84.48	34.45	118.93	84.48	22.07	106.55

7.2.2.2 农用地潜力预测

根据上虞市土地开发整理规划分析，上虞市在 2003～2010 年期间土地开发、整理与复垦情况如表7-2所示。

表7-2　2003～2010年上虞市农地潜力表　　　　　单位：hm²

预测方法		2003～2010 年需求量	2010～2020 年需求量
总量预测	方法一	3 829.41	13 164.04
	方法二	2 412.29	12 114.61
	方法三	2 799.74	4 543.32
分解预测	方案四	7 427.16	8 948.03
	最终方案	7 427.16	11 408.89

7.2.2.3 建设用地需求预测

采用模型方法预测与分解预测相结合的方法。

（1）模型预测

本书采用建设用地量与 GDP 进行一元线性回归预测法（方案一）、单位 GDP 与建设用地量回归（方案二）、历年建设用地量 GM（1，1）模型（方案三）分别预测建设用地量。

（2）分解预测

城镇用地预测、农村居民点用地预测按照 1997 年《县级土地利用总体规划编制规程》（试行）计算，其中根据上虞市实际情况，确定上虞市 2010 年人均城镇建设用地为 75m²，2020 年为 90m²；2010 年农村人均建设用地为 130m²，2020 年为 120m²，分别根据预测的人口数量求取用地量；独立工矿用地根据上虞市历年用地指标，对 2004～2010 年增长率为 12%，2011～2020 年增长速度逐渐减弱，增长率取 8% 进行用地预测；交通用地根据《上虞市交通发展规划（2003～2020 年）》和《上虞市交通建设"十一五"规划》预测；水利设施用地，根据《上虞市平原河道整治规划报告》预测；旅游用地根据《上虞市旅游产业发展总体规划（2004～2020 年）》预测，结果为方案四。

综上所述，对上虞市在规划期的各类新增建设用地需求量预测情况进行汇总，最后根据专家和地方领导的意见，确定了上虞市建设用地预测的最终结果，如表7-3所示。

表 7-3　上虞市规划期预测新增建设用地面积多方案汇总表　　　单位：hm²

类　型	土地开发	土地整理	土地复垦	总量	2002~2003 年 已占指标	2004~2010 年 潜力指标
数　量	4 729.3	5 959.14	493.8	11 182.24	2 036.67	9 145.57

4. 建设用地供需平衡

根据上虞市的 2003 年更新调查数据，年末耕地面积为 42 379.90 hm²，其中划定的基本农田面积为 36 431.83 hm²，如若规划期末基本农田指标保持不变，则耕地减少的总指标为 5948.07 hm²，减去需生态退耕的 503.76 hm² 和灾毁的 106.67 hm²，可供建设占用的耕地数量的上限为 5337.64 hm²。而通过表 7-3 所示，规划期间可供挖潜的农地面积为 9145.57 hm²。通过上述研究，上虞市在本轮规划修编中，基本可以实现建设地的供给平衡。

7.2.3　土地利用总体规划空间决策分析——规划实施评价

浙江省上虞市土地利用总体规划上轮规划实施效果评价的专家主要来自于上虞市发展和改革局、上虞市国土资源局、上虞市建设局、上虞市农业局、上虞市水利局、上虞市交通局、上虞市林业局、上虞市统计局和浙江省土地勘测规划院等单位。在数值分析上，主要采用决策支持模型中的特尔菲法，对上轮土地利用总体规划（1997~2004 年）规划实施评价指标的权重赋值。经过处理，评价权重值如表 7-4 所示。

表 7-4　上虞市上轮土地利用总体规划实施评价权重表

评价主题	评价指标	表达方式	权　重
规划实施的 经济效益	耕地单位播种面积产量	粮食总产量/耕地播种面积（kg/hm²）	0.082
	建设用地单位面积产值	工业总产值/独立工矿用地面积（万元/hm²）	0.163
	人均城镇用地	城镇用地/城镇人口（m²/人）	0.115
	人均农村居民点用地	农村居民点用地/农村人口（hm²/人）	0.125
规划实施的 生态效益	森林覆盖率	（林地面积＋园地面积）/土地总面积（%）	0.116
	水域面积比重	水域面积/土地总面积（%）	0.121
规划实施的 社会效益	城镇化水平	城镇建成区人口/总人口（%）	0.152
	农民人均纯收入	指农民可支配的年纯收入（元/人）	0.126

资料来源：赵哲远，2007

如果将实施前的 1996 年和规划实施后的 2004 年土地利用情况进行综合评价，分乡镇对有关土地利用的历史纵向比较、乡镇之间的横向比较，通过

"综合评价分值"来反映规划实施的效果，如表7-5所示。

通过以上评价可以发现，规划实施后的2004年，各乡镇土地利用的单指标标准化值、多指标"综合评价值"均发生较大的变化。

综合评价的结果分析后，1996年土地利用经济效益和综合效益最突出的是崧厦镇、百官街道、曹娥街道，这些区域是发展"伞业块状经济"、"机电产业集聚"区；而虞东南丘陵山区的乡镇虽然生态环境优美，但经济产出效益较低，所以在乡镇的横向比较种居于最后的梯队。

下面将上虞市土地利用规划实施前后（1996年、2004年）典型变化乡镇评价指标标准化值列出，如表7-5所示。

表7-5 上虞市土地利用规划实施前后（1996年、2004年）
典型变化乡镇评价指标标准化值

权重	指标	乡镇			
		百官街道	曹娥街道	崧厦镇	汤浦镇
0.082	耕地单位播种面积产量（1996年）	0.0492	0.0820	0.0327	0.0673
	耕地单位播种面积产量（2004年）	0.0664	0.0582	0.0277	0.0657
0.163	建设用地单位面积产值（1996年）	0.0513	0.0495	0.1630	0.1296
	建设用地单位面积产值（2004年）	0.0091	0.0802	0.0382	0.1124
0.115	人均城镇用地（1996年）	0.0980	0.0653	0.0959	0.0659
	人均城镇用地（2004年）	0.0735	0.0577	0.0701	0.0065
0.125	人均农村居民点用地（1996年）	0.0110	0.0127	0.0117	0.0103
	人均农村居民点用地（2004年）	0.0190	0.0816	0.0271	0.0399
0.116	森林覆盖率（1996年）	0.0013	0.0037	0.0001	0.0173
	森林覆盖率（2004年）	0.0231	0.0309	0.0051	0.0977
0.121	水域面积比重（1996年）	0.0629	0.0389	0.0820	0.0143
	水域面积比重（2004年）	0.0698	0.0570	0.0600	0.121
0.152	城镇化水平（1996年）	0.1520	0.1047	0.0234	0.0102
	城镇化水平（2004年）	0.1520	0.1203	0.0746	0.0104
0.126	农民人均纯收入（1996年）	0.0807	0.1080	0.1260	0.081
	农民人均纯收入（2004年）	0.1182	0.1157	0.1229	0.1046
1.000	综合评价（1996年）	50.66	46.48	53.48	39.6
	综合评价（2004年）	53.10	53.86	42.57	55.82
	变化值	-2.44	-7.38	-10.91	-16.22

资料来源：赵哲远，2007

从1996~2004年变化数据中得知，变化最显著的是虞南的汤浦镇，其多指标"综合评价值"从 1996 年的 39.6 跃升到 2004 年的 55.82，已经位列第一。这与汤浦镇发展"块状经济"——全国铜管生产基地是紧密相关的，全镇拥有铜管加工生产企业 143 家。与 1996 年相比，城区有三个街道是省级经济开发区所在地，机电、轻纺已成为经济开发区的主导行业，因此土地利用经济效益显著。

而崧厦镇土地利用"综合评价值"从 1996 年的 53.48 下降到 2004 年的 42.57，降幅较大，这是因为传统产业在逐步衰退，崧厦镇虽然有伞业企业 1080 家，伞业特色村 20 个，从业人员近 2 万人，但是大部分企业投资规模小、生产技术差、产品档次低、缺乏竞争力，易受市场冲击影响，企业抵御风险能力弱。在新一轮规划修编中，崧厦镇产业结构需要及时调整、改造和升级，以提高土地利用效益。

现以崧厦镇为例，将其上轮规划（1997～2010 年）的土地利用规划图，与 2005 年该镇的土地利用的现状图进行空间叠加分析，分析结果如图 7-6 所示。通过空间分析，规划人员可以很清楚地分辨出土地利用结构的变化情况，并可以通过进一步分析，研究变化的驱动力，预测未来土地利用结构变化的趋势。

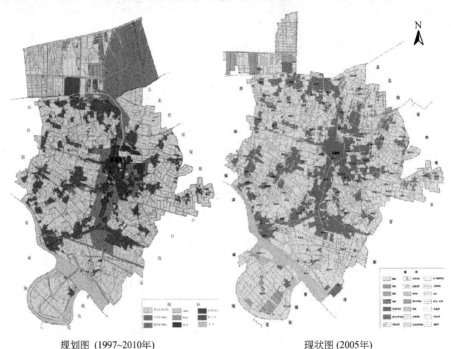

规划图（1997～2010年）　　　　　现状图（2005年）

图 7-6　上虞市崧厦镇土地利用规划图与现状图对比图（赵哲远，2007）

图中由于崧厦镇行政区划发生变化，北部划出一部分土地，西南部划入小部分，不是土地利用总体规划实施所造成的

7.2.4 县（市）级土地利用总体规划 WebGIS——公众参与群决策

图 7-7 是上虞市土地利用总体规划的 2006~2020 年的技术方案，公众可以通过 WebGIS 参与规划、监督规划方案的实施。

与此同时，WebGIS 还具有放大、缩小、鹰眼、量测、查询、统计、简单的地图编辑和空间分析等功能，为公众参与土地利用总体规划决策提供了技术保障。

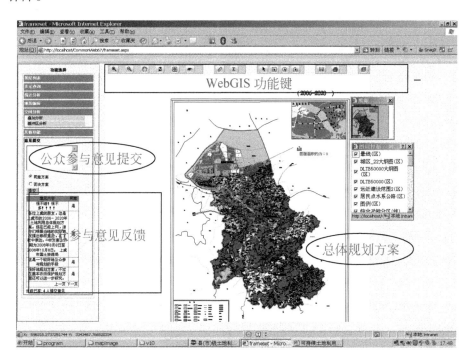

图 7-7 上虞市土地利用总体规划公众参与群决策的 WebGIS 界面

7.3 本章小结

为了验证所提方案的可行性，根据系统需求分析、系统开发原则和系统的主要内容，对县级土地总体规划空间决策支持系统进行初步设计和开发，实现部分规划信息服务和决策支持功能。

本系统选择 MapGIS6.7 桌面、组件及其开发包作为空间信息分析平台，实现土地利用总体规划空间信息的获取、分析、存储；借助 MATLAB7、MAT-

COM4.5 及其组件强大的数学运算和建模功能作为土地利用总体规划决策支持模型工具，将 MATLAB 的 m 文件（MATLAB 执行文件）转化为组件（DLL）或可执行文件（EXE），借助 VC 或 VB 等编程工具，将决策支持模型成功地嵌入到 GIS 中，实现空间数据与属性数据的无缝集成。同时，设计了基于 WEB-GIS 的公众参与规划方法，为实现规划群决策提供技术支持。最后以浙江上虞市土地利用总体规划为例，运用决策支持模型对其人口、农用地潜力、建设用地需求量等进行了预测；运用空间决策支持分析手段对其个别镇的土地利用结构变化进行了分析；以 WebGIS 为手段，对公众参与土地利用总体规划的群决策等三个方面进行了实证。

第8章
结论与展望

8.1 研究的结论

本书是在系统论、信息论和决策论的指导下，沿着"研究背景—研究对象—研究动态—系统分析—系统构成—系统实现—系统应用—研究展望"这一技术路线展开的。

本书运用了以下研究方法：①系统分析法。一是对土地利用总体规划这一开放的、复杂的巨系统的分析；二是对所涉及的信息系统、决策支持的模型系统、辅助决策的数据仓库系统、数据分析与挖掘等多个子系统的分析。②对比分析法。对中外土地信息系统和决策支持系统研究，因 GIS 平台选择多元化、数据库软件多样化、系统结构差异化所造成系统的问题，以及中外数据分析与挖掘工具的选择等，均采用了对比分析，吸收优点，摒弃缺点，为土地利用总体规划空间决策支持系统设计提供优先方案。③理论与实证结合法。一方面，本书在探讨解决方案的同时，进行实证。如在数据库、数据仓库设计与数据的分析和挖掘时，都结合了土地利用总体规划中的实际案例进行分析；另一方面，在本书研究过程中，曾专程到有关单位和部门征询土地利用总体规划专家、领导和地方民众的意见，并到案例区进行系统需求调研，增强了方案的可行性和系统的实用性。

通过研究，本书得到以下主要认识与结论：

1）实现可持续土地利用总体规划，必须落实科学发展观。在充分利用信息技术基础上，集成决策支持技术，建立土地利用总体规划空间决策支持系统，实行民主化和科学化决策。

2）县级规划属于中观层次的规划，是落实宏观规划、指导微观规划的规划，是土地利用规划中不可或缺的规划层次，县级土地利用总体规划决策支持系统的研究势在必行。

3）中外学者研究表明，将 GIS 与 DSS 相结合的土地利用总体规划空间决策支持系统是未来解决土地利用总体规划的发展方向，但是 GIS 和 DSS 本身也是在不断发展中完善的，所以，中外最新研究成果对研究县级土地利用总体规划空间决策支持系统具有重要的借鉴作用。

4）总结国内外研究，土地利用总体规划决策呈现以下九个趋势：决策多层次性的分工协作性；决策的刚、弹相济性；规划与实施决策的全程性；城乡一体化规划决策的融合性；决策的分区管制性；决策的"反规划"逆动性；宏观调控性；决策的公众参与性；GIS 与 DSS 系统集成的必然性。

5）论文所研究的土地利用总体规划空间决策支持系统是由信息系统与决策支持系统集成的系统。其中，信息系统包括用户界面层、业务逻辑层（中间层）、数据服务层三层结构，实现数据处理、土地利用总体规划辅助编制、实施管理、成果查询、统计汇总、制图输出、公众参与及群决策、规划信息服务及其系统维护功能；决策支持系统包括模型库及其管理子系统、数据仓库及其管理子系统、知识库及其管理子系统、方法库及其管理子系统等，实现决策支持模型的创建与管理，完成原始数据抽取、转换、过滤、清洗与进入数据仓库，对数据仓库中存储的数据进行更新、管理、使用、表现、计算、综合，对多维数据进行切片、切块、旋转和钻取，完成数据与信息的访问、分析与挖掘等，为土地利用总体规划提供决策技术支持。

6）土地利用总体规划空间决策支持系统的设计应遵循数据共享、支持科学决策、信息社会化服务、信息安全化等原则；采用嵌入式开发方式，即将DSS 系统中的决策支持模型库组件、专家知识库和相关文献库等嵌套到 GIS 组件平台上，数据库和数据仓库系统、数据分析和挖掘系统以及相关 DSS 组件与 GIS 组件之间采用动态链接的方式集成。

7）实现可持续规划的目标，规划的公众参与是土地利用规划必不可少的重要环节，基于 WebGIS 技术的群决策是土地利用总体规划空间决策系统的重要构成部分之一。本书借鉴 WHATIF 思想和公众参与规划理论，设计了公众参与规划的信息系统框架，并对基于 WebGIS 的系统和网络进行了详细设计。

8）依据土地利用总体规划业务需求，土地利用总体规划的决策支持模型共分四类，主要包括：预测模型、评价模型、优化模型和实施与监测模型。同时，这些模型的选择是在专家系统和知识系统的指导下完成的。研究表明，MATLAB7、MATCOM4.5 及其组件是土地利用总体规划决策支持模型的理想建模工具。

9）数据仓库技术是辅助决策支持的主要方式。在分析数据仓库的概念数据模型、逻辑数据模型和物理数据模型三级数据建模的基础上，设计了土地利用总体规划数据仓库的多维数据模型，利用多维分类机制来组织海量数据，建立立方或超立方数据模型。并以区域农用地利用为例，运用 Microsoft SQL Server 2005 进行了土地利用总体规划相关主题数据仓库建设示例。研究结果表明，这一技术方案是可行的。

10）数据分析与挖掘可以提高土地利用总体规划决策的科学性。目前，国内外研究的数据分析与挖掘工具较多，按照应用范围划分，可分为专用型数据挖掘工具和通用型数据挖掘工具；按照发展历史划分，分别为第一代工具、第二代工具和第三代工具。在比较中外典型数据分析与挖掘工具的基础上，本书选择了 SPSS 公司的 Clementine 工具，它是第三代中数据挖掘工具的优秀代表。论文运用区域农用地的数据进行分析与挖掘示例，以 Microsoft SQL Server 2005 作为后台数据库，将 Analysis Services 与 Clementine 集成，以 Clementine11 作为数据挖掘前台工具，这一技术方案能高效地完成数据的分析和挖掘任务，可为辅助土地利用总体规划决策提供完整的解决方案。

8.2　不足之处

地理信息系统与决策支持系统两者都是一个较为复杂的系统，而县级土地利用总体规划空间决策支持系统是由地理信息系统与决策支持系统集成的，是一个巨系统。要完成该系统的设计、开发与运行，完全实现其空间与决策支持的功能，需要强大的人力、物力和财力保障。限于本人的水平和能力，本书仅围绕县级土地利用总体规划空间决策支持系统提出解决方案，没有开发出一个完整的系统，实现其空间分析与决策支持的功能。

同时，整个解决方案也只从决策支持模型、空间决策分析、基于 WebGIS 的公众参与土地利用总体规划群决策三个方面进行了实证，没有对整个县级土地利用总体规划修编的整个程序全部进行实证。这些都需要在今后的研究中进一步探讨和完善。

8.3　展　　望

在中国，土地利用总体规划是一项涉及多学科、多部门与多时序的系统工程。从土地利用规划的内容体系上看，包括土地利用总体规划，土地利用详细规划和土地利用专项规划；从土地利用规划的行政体系上看，分为全国、省（自治区、直辖市）、市（地、州）、县（市）和乡（镇）五级体系，分宏观规划、中观规划和微观规划三个层次，它们是一个不可分割的体系。且土地利用总体规划问题不仅是技术问题，还涉及经济、政策和法律等问题，所以，在进行土地利用总体规划决策时，也应加以系统分析，这些将是未来需要研究和解决的问题。

8.3.1 土地利用总体规划宏观、中观和微观一体化决策

8.3.1.1 规划尺度不同，数据要求差异，但规划程序相似

土地利用总体规划面向不同层次，FAO 从 1993 年的第一个导则开始，就关注土地利用规划的空间尺度问题。总体上将国家规划定位以战略为主，而区域规划定位以政策为主，地方规划定位以项目为主（黄小虎，2006）。同时，不同尺度的规划要求的数据类型、处理技术不同。栅格数据（包括 DEM、卫星影像、航空影像）在战略规划中较为适用，因为涵盖的地域面积大，往往不需要很高分辨率；矢量数据主要用于分区及其详细规划中，因为覆盖的地域空间面积较小，空间分辨率要求高（叶嘉安等，2006）。

但在区别差异性的同时，也要重视不同空间尺度下土地利用规划的一致性，因为其任务均是为各层次的规划策略的制定和科学管理起到辅助决策的作用（曹永华，1997），其过程都可分成若干阶段，即确定目标、分析现状和历史、建模和预测、提出不同方案、方案筛选、批准实施、实施后评价、监督和反馈（叶嘉安等，2006）。

8.3.1.2 土地利用总体规划宏观、中观和微观一体化决策

中国土地利用规划按照行政区域划分为国家、省、地（市）级、县级和乡（镇）级共五级。各级规划自上而下逐级控制，组成一个完整的土地利用规划体系，需要一体化决策。

（1）国家、省、地（市）级土地利用总体规划

这三级土地利用规划属于高层次的政策性规划，主要任务是从区域资源配置、人口增长、经济布局和环境整治的要求出发，综合研究提出各类用地供需平衡指标，协调全局性的重大用地关系，提出不同类型地区土地利用方向、目标和政策，确定土地开发、整治和保护的重点地区，并将耕地等重要土地资源的控制指标分解到下一级政府，为国家或省级土地资源利用的宏观调控和社会经济政策的制定提供依据。

（2）县级土地利用总体规划

它属于管理型规划，是土地利用管理的重要依据。县级规划的主要任务是在省市级规划的控制和指导下，研究确定各类用地的规模和布局；重点确定耕

地、土地开发整理和城镇建设用地指标和布局，划定各类土地用途区，为利用土地和审批各类土地利用项目提供依据。县级规划要体现定性、定量、定位和定序的要求，其总量控制指标应落到实处，尤其对于城镇用地，不仅要有全县（市）的城镇用地总规模控制，而且要有每一个城镇的控制指标。在土地开发、整治、保护等方面，县级规划要具体确定重点项目的类型、时序、规模和范围。

（3）乡（镇）土地利用总体规划

它处于土地利用规划的最底层，属实施型规划。乡镇规划的主要任务，是根据县级规划的要求和本乡镇自然社会经济条件，综合研究和确定土地利用的目标、发展方向和各类用地指标，进行土地用途管制分区。重点安排好耕地、生态环境用地及其他基础产业、基础设施用地，确定城镇建设用地和土地整理、复垦、开发的规模和范围。乡镇规划重在定位落实，要以规划图为主，提高规划的可操作性（黄小虎，2006）。

为此，在进行土地利用总体规划空间决策支持系统的设计与开发中，需要考虑宏观、微观空间决策支持系统的一体化决策问题。

8.3.2 土地利用总体规划决策的制度保障

国际城市管理协会认为，当"土地利用的全球化"导致本地区之外外来投资者的出现——包括州及联邦政府机构还有国际社会的商业组织，规划师将要在一个充满诉讼、恐吓甚至肮脏伎俩的、高度政治化的环境中平衡众多的利益并解决艰难的争议，目前，在中国土地利用总体规划决策中，还存在着"规划——纸上画画、墙上挂挂，不如领导一句话"的决策现象。为此，土地利用总体规划决策要由制度保驾护航。

至于所涉及的制度，部分学者认为主要有以下方面：科学合理地界定政府、规划行政主管部门的决策权制度，完善内部决策规则，实现依法、科学、民主的决策制度等（冯现学，2006），建立科学的决策机制，建构高效的大脑系统。凡有效率的系统，系统内部一定具有结构，即谋断分离结构（陈秉钊，2003），健全和完善规划决策的中枢系统、信息系统、参谋系统、学习系统也是必不可少的要素。实行"没有深入的调查研究不决策，未经咨询论证不决策，不经过两个以上方案的比较不决策"（冯现学，2006）。

为此，在进一步研究土地利用总体规划空间决策支持问题时，需要研究相关配套的决策制度，从而为健全和完善土地利用总体规划的决策提供相关制度保障。

参 考 文 献

A. 普雷姆詹德 . 1989. 预算经济学 . 周慈铭，何忠卿，李鸣译 . 北京：中国财经经济出版社 .

Dusan Petkovic. 2007. Microsoft SQL Server 2005 初学者指南 . 冯飞，薛莹译 . 北京：清华大学出版社 .

Tang Z H MaccLennan J. 2007. 数据挖掘原理与应用：SQL Server 2005 数据库 . 邝祝芳，焦贤龙，高升译 . 北京：清华大学出版社：10-13.

卞正富，路云阁 . 2004. 论土地规划的环境影响评价 . 中国土地科学，4-25.

蔡玉梅，张晓玲，萧林，等 . 2004. 房山山区八乡镇土地规划编制信息系统的设计与实现 . 国土资源科技管理，(4)：69-73.

曹建海 . 2005. 我国土地节约集约利用的基本思路 . 中国土地，(10)：19-21.

曹永华 . 1997. 农业决策支持系统研究综述 . 中国农业气象，(4)：47.

曹玉香 . 2005. GIS 技术支持的土地利用规划信息动态管理模式的研究与应用 . 西安：长安大学 .

常乐 . 2001. WEBGIS 应用设计 . 计算机工程，(4)：51-53.

常小燕 . 2005. 基于 GIS 的县级土地利用总体规划管理信息系统的研究 . 泰安：山东农业大学 .

陈秉钊 . 2003. 当代城市规划导论 . 北京：中国建筑工业出版社 .

陈菲 . 2004. 土地利用规划中的社会经济论证探讨 . 重庆：西南师范大学 .

陈建海，金小刚，王建弟 . 2006. 基于数据仓库的地籍管理信息系统开发 . 矿山测量，3：29.

陈丽，师学义，吴清盛 . 2004. 县级土地利用总体规划信息系统的构建 . 山西农业大学学报，3：290-292.

陈奇，李满春，余有胜，等 . 1999. 关于土地利用总体规划 MIS 的若干思考 . 计算机应用研究，(5)：80.

陈述彭，鲁学军，周成虎 . 2000. 地理信息系统导论 . 北京：科学出版社 .

陈述彭，赵英时 . 1990. 遥感地学分析 . 北京：测绘出版社 .

陈玮，穆霖，周硕 . 2005. 武汉：若干规划公众参与的实践 . 北京规划建设，(6)：35-37.

陈文伟 . 2000. 决策支持系统及其开发 . 北京：清华大学出版社 .

陈燕 . 2000. 数据仓库的设计与实现 . 大连：大连理工大学 .

陈燕飞，杜鹏飞，郑筱津，等 . 2006. 基于 GIS 的南宁市建设用地生态适宜性评价 . 清华大学学报（自然科学版）. 46（6）：801-804.

程雄，熊华，易玲 . 2002. 土地利用规划信息管理系统中的数据组织研究 . 测绘通报，48（5）：12-13.

崔宝侠 . 2005. 基于 GIS 的水环境评价决策支持系统研究 . 沈阳：东北大学 .

戴稳胜，张阿兰，谢邦昌 . 2004. 数据挖掘的方法、流程及应用 . 中国统计，(7)：53-54.

但承龙 . 2002. 可持续土地利用规划理论与方法研究 . 南京：南京农业大学 .

丁敏 . 2002. 基于 WebGIS 的土地利用规划网络信息发布应用研究 . 杭州：浙江大学 .

董晓声，聂宜民，李强，等 . 2004. 基于 GIS 的县级土地开发整理规划管理信息系统的建设 . 山东农业大学学报（自然科学版），35（2）：261-264.

杜超，卢新海 . 2006. 土地规划修编的公众参与问题研究 . 国土资源导刊，（1）：17-18.

杜宁睿，李渊 . 2005. 规划支持系统（PSS）及其在城市空间规划决策中的应用 . 武汉大学学报（工学版），38（1）：137-142.

段建南，胡瑞芝 . 2004. 县级土地利用总体规划修编试点工作方法和技术创新思路 . 国土资源导刊，（2）：10-13.

冯文利 . 2003. 土地利用规划中公众参与制度研究 . 中国土地科学，17（6）：51-55.

冯现学 . 2006. 快速城市化进程中的城市规划管理 . 北京：中国建筑工业出版社 .

冯亚飞 . 2007. 基于 GIS 的土地规划编制信息系统应用分析模型研究 . 昆明：昆明理工大学 .

傅丽芳，葛家麒，孟军 . 2005. 农业产业结构调整优化模型研究 . 东北农业大学学报，36（1）：116-119.

高洪深 . 2000. 决策支持系统（DSS）. 北京：清华大学出版社 .

高俊，刘孝贤，孙国霞 . 2002. 信号与线性系统分析 . 济南：山东大学出版社 .

葛欣 . 2006. 沿海发达地区粮食种植结构调整研究 . 南京：南京农业大学 .

关瑞华 . 2004. 基于 Internet 的广州市城市规划公众参与分析 . 现代计算机，（10）：79-82.

郭红莲，王玉华，侯云先 . 2007. 城市规划公众参与系统结构及运行机制 . 城市问题，（10）：71-75.

国土资源部 . 2002. 国土资源部办公厅关于开展土地利用规划管理信息系统建设工作的通知 . 国土资源通讯，（10）：16-18.

韩琼 . 2003. 土地管理信息化方案与策略研究 . 北京：中国地质大学 .

韩晓东 . 2002. 谈城市总体规划中的人口规模问题 . 当代建设，（5）：23-24.

贺军，谈为雄 . 2000. 基于 GIS 的水电规划决策支持系统框架设计 . 河海大学学报，28（2）：78-80.

侯方国 . 2004. 县级土地利用总体规划管理信息系统设计与开发 . 武汉：武汉大学 .

胡铁松 . 1997. 神经网络预测与优化 . 大连：大连海事大学出版社 .

胡银根 . 2004. 国外"两规"借鉴 . 树立科学发展观，提高土地资源的保障能力 . 武汉：湖北科学技术出版社 .

胡银根 . 2004. 农地整理规划方案择优 . 农村经济，（5）：18-20.

胡银根 . 2007. 循环经济型生态农业发展探讨 . 特区经济，（11）：130-131.

胡银根，韩桐魁 . 2004. 小城镇土地可持续利用探讨 . 生态经济，（8）：223-225.

胡银根，韩桐魁，杨钢桥 . 2004. 小城镇用地有序扩张 . 中国房地产研究，（2）：1-26.

胡银根，王思奇，吴冲龙 . 2008. 土地生态建设探讨 . 安徽农业科学，（6）：2448-2451.

胡银根，吴冲龙 . 2008. 目前我国土地利用规划决策新趋势 . 特区经济，（6）：36-38.

黄劲松，周生路，彭补拙．2000．东台市土地利用总体规划方案制定评价研究．经济地理，20（6）：92-96.

黄梯云．2001．智能决策支持系统．北京：电子工业出版社．

黄添强．2003．基于空间数据挖掘的环境调控空间决策支持系统研究．福州：福州大学．

黄小虎．2006．新时期中国土地管理研究．北京：当代中国出版社．

黄跃进，唐锦春，孙柄楠．1999．基于 GIS 的农用土地适宜性评价模型的建立．浙江林学院学报．16（4）：406-410.

贾泽露，刘耀林，张彤．2004．可视化交互空间数据挖掘技术的探讨．测绘科学：29（5）：34-37.

黎夏，叶嘉安．2004．遗传算法和 GIS 结合进行空间优化决策．地理学报，59（5）：745.

李兵．2003．基于 GIS 的土地利用规划管理信息系统建设研究．重庆：西南农业大学．

李超，张凤荣，宋乃平，等．2003．土地利用结构优化的若干问题研究．地理与地理信息科学，19（2）：52-59.

李成，李开宇．2003．世纪国土规划的理论探讨．人文地理，（18）4：37-41.

李德仁，关泽群．2002．空间信息系统的集成与实现．武汉：武汉大学出版社．

李德仁，王树良，李德毅．2006．空间数据挖掘理论与应用．北京：科学出版社．

李峻．2001．GIS 决策支持可视化的研究．武汉：武汉大学．

李力，白云升，罗永明．2006．土地供求分析与实证研究——基于县域建设用地的规划与控制．北京：中国财经出版社．

李满春，余有胜，陈刚，等．2000．土地利用总体规划管理信息系统的设计与开发．计算机工程与应用，（8）：144-166.

李秋丹．2004．数据挖掘相关算法的研究与平台实现．大连：大连理工大学．

李双美，张和生．2007．基于 GIS 和 RS 技术的集约与节约利用土地研究．科技情报开发与经济，7（2）：155-157.

李裕伟．2002．建立国土资源决策支持系统的若干基本问题．国土资源信息化，（1）：5.

李渊，朱庆，王静文．2006．WHATIF 思想和 MCE-GIS 技术在城市规划中的应用——以惠州概念规划为例．国外城市规划，21（1）：89-92.

梁艳平．2003．基于 GIS 的统计信息分析与辅助决策研究．长沙：中南大学．

廖和平．2004．小城镇建设用地指标配置模式——以重庆市为例．中国土地科学，18（1）：45-51.

林逢春，王任．1995．论环境规划决策支持系统．上海环境科学，14（9）：185.

林婷，刘仁义，刘南．2006．土地利用规划信息系统的研发与应用．地球信息科学，（6）：40-45.

刘金勋．1997．论持续发展有效规划．生态系统建设与区域持续发展研究．北京：测绘出版社．

刘树臣．1998．地质科学在土地利用规划中的作用．中国地质，（11）：23-25.

刘彦随．1999．区域土地利用优化配置．北京：学苑出版社．

刘耀林，焦利民．2002．人工神经网络的基准地价评估方法研究．地球信息科学，（4）：
　　1-6.

刘耀林，刘艳芳，夏早发．1995．模糊综合评判在土地适宜性评价中的应用研究．武汉测绘
　　科技大学学报，20：（1）：71.

刘永彬．2007．关联规则分析及其在空间数据挖掘中的应用研究．南宁：广西大学．

刘志军．2005．土地利用动态管理系统研究与实现．北京：中国地质大学．

刘志军，吴冲龙，汪新庆，等．2004．土地数据仓库建立方法探讨．计算机工程与应用，
　　（22）：174-176.

马刚．2000．采用数据仓库技术实现贷款管理 DSS．大连：大连理工大学．

麦永浩．2000．数据仓库和数据挖掘方法研究及其在公安信息建设中的应用．上海：华东理
　　工大学．

苗作华，刘耀林，王海军．2005．耕地需求量预测的加权模糊-马尔可夫链模型．武汉大学
　　学报（信息科学版），30（4）：306-308.

裴春光，黄黎，明黄浩．2005．青岛：从规划展示到全方位公众参与．北京规划建设，（6）：
　　39-41.

彭明宣．2005．空间信息服务及其在土地利用规划管理中的应用研究．成都：电子科技大
　　学．

彭洋．2006．土地利用规划中建设用地与耕地保有量的预测．上海：同济大学．

钱峻屏，叶树宁，李岩．2002．基于数据仓库的空间可持续发展决策支持技术研究——以东
　　莞市耕地变化研究为例．热带地理，22（2）：176-180.

秦亮曦，史忠植，刘少辉，等．2003．多策略数据挖掘平台 MSMiner 的元数据管理．计算机
　　应用，23（Z2）：34-36.

邱炳文，池天河，王钦敏，等．2004．GIS 在土地适宜性评价中的应用与展望．地理与地理
　　信息科学，20（4）：20-23.

任雨来．2006．天津市规划和土地利用运行分析体系研究．北京：地质出版社．

任周桥．2004．土地利用规划辅助设计与修编系统研究．武汉：武汉大学．

茹旭川，文建宏．2006．土地利用规划环境影响评价方法的探讨．国土资源情报，（11）：
　　40-44.

邵国晨．2005．基于数据挖掘的决策支持系统及应用研究．沈阳：辽宁工程技术大学．

邵晖，胡宝清，黄小兰，等．2003．基于组件式 GIS 的县级土地利用规划修编信息系统的研
　　究．广西师范学院学报（自然科学版），23（2）：63-68.

沈兆阳．2001．Microsoft SQL Server 2000 OLAP 解决方案——数据仓库与 Analysis Services．北
　　京：清华大学出版社．

师学义．2006．基于 GIS 的县级土地利用规划理论与方法研究．南京：南京农业大学．

施阳，李俊，等．1998．MATLAB 语言工具箱实用指南．西安：西北工业大学出版社．

宋书巧．1999．县级土地利用总体规划中居民点及工矿用地计算方法探讨．广西师院学报
　　（自然科学版），（9）：1-4.

宋嗣迪，陈燕红．1997．基于神经网络的土地利用规划方案优化方法研究．广西农业生物科学，16（4）：316-321.

苏金明，王永利．2004．MATLAB7.0 实用指南．北京：电子工业出版社.

孙晓，王庆林，刘文锴．2003．基于 GIS 的土地利用总体规划信息系统研究．中州煤炭，（1）：5-6.

汤江龙，赵小敏．2005．土地利用规划中人口预测模型的比较研究．中国土地科学，19（4）：14-20.

唐·麦克雷南．2007．数据挖掘原理与应用——SQL Server2005 数据库．邝祝芳，焦贤龙，等译．北京：清华大学出版社：10-13.

唐琦玉．2003．政府决策需要转型．中国经济时报 http://www.people.com.cn/GB/guandian/1035/1998833.html［2007-12-01］.

唐在富．2007．中央政府与地方政府在土地调控中的博弈分析．当代财经，（8）：24.

田志国，李斌．2007．PPGIS 在土地利用规划公众参与中的应用．科学技术与工程，7（8）：1819-1822.

万艳华．2002．我国城乡一体化及其规划探讨．华中科技大学学报（城市科学版），（6）：60-63.

汪鹏．2005．土地利用规划中的 AHP-GA 决策模型研究．武汉：华中农业大学.

王宝珍．2000．土地利用总体规划信息系统的研究．测绘工程，9（4）：46，47，57.

王慧珍．2006．县级土地利用总体规划中的公众参与．长沙：湖南农业大学.

王家耀．2003．关于地理信息系统与决策支持系统地探讨．测绘科学，28（1）：1-4.

王家耀，姚松龄．2000．基于 GIS 的规划 DSS 研究．测绘学院学报，17（1）：25.

王建弟．1999．县级土地利用管理决策支持系统（CLUMDSS）开发与应用研究——以浙江省瑞安市为例．杭州：浙江大学.

王建弟，王人潮．2001．县级土地利用管理决策支持系统的研制．浙江大学学报（农业与生命科学版），27（1）：49-54.

王建涛，王家耀．2005．基于数字城市的城市综合规划信息管理系统设计．测绘通报，（6）：47-50.

王珊．1999．数据仓库技术与联机分析处理．北京：科学出版社.

王万茂，张颖．2003．市场经济与土地利用规划——关于规划修编思路的探讨．中国土地科学，17（1）：9-15.

王小映，贺明玉，高永．2006．我国农地转用中的土地收益分配实证研究——基于昆山、桐城、新都三地的抽样调查分析．管理世界，（5）：62-68.

王晓娜．2004．县级土地利用规划管理信息系统的设计与实现．北京：中国农业大学.

王筱明，郑新奇．2005．数据包络分析在城市土地利用评价中的应用．山东师范大学学报（自然科学版），20（1）：48-51.

王学雷，李蓉蓉．2000．江汉平原农用土地适宜性评价的方法及其应用研究．世界科技研究与发展，（S1）：84-87.

王增彬，迟恒智．2007．基于 BP 神经网络的济南市建设用地规模预测．水土保持研究，14（5）：222-223．

王正兴．1998．试论交互式土地利用规划．资源科学，（9）：79．

王忠静．2003．决策支持系统在水资源规划与管理中的应用．http：//wenku．baidu．com/view/b3de101ba8114431b90dd8d1．html［2008-10-12］．

魏静．2003．一种项目规划方法的探讨——谈"十五"期间城市近期建设规划编制的改革．小城镇建设，（4）：40．

邬伦，刘瑜，张晶，等．2001．地理信息系统-原理、方法与应用．北京：科学技术出版社：2-3．

吴冲龙．1998．地质矿产点源信息系统的开发与应用．地球科学（中国地质大学学报），23（2）：193-198．

吴冲龙，刘刚．2002．中国"数字国土"工程的方法论研究．地球科学（中国地质大学学报）（5）：605-609．

吴光红．2003．基于环境承载力的流域土地管理和空间决策支持系统研究．天津：天津大学．

吴海平，黄世存．2006．土地利用变化信息自动提取技术国内外研究进展．北京：地质出版社：368-373．

吴洪涛，蒋文彪，项家袖．2001．关于全国土地利用规划管理信息系统建设的一些考虑．国土资源信息化，（2）：25-28．

吴继忠，花向红，周庆．2005．基于模糊综合评判的选址空间决策支持系统．地理空间信息，3（4）：45-47．

吴锦城．2004．论土地利用总体规划的宏观调控作用．福建地理，12：26-27．

吴莉娅．2004．中国城市化理论研究进展．城市规划汇刊，（4）：43-48．

吴群，郭贯成．2002．城市化水平与耕地面积变化的相关研究——以江苏省为例．南京农业大学学报，25（3）：95-99．

吴淑莲，胡银根．2007．我国城市化与房地产业发展的 Granger 因果关系分析．中国房地产研究，（1）：199-113．

吴信才．2002．地理信息系统的设计及原理．北京：电子工业出版社．

夏敏，张佳宝，赵小敏，等．2006．基于 GIS 的土地适宜性评价决策支持系统——以南京市江宁区淳化镇为例．长江流域资源与环境，15（3）：326-329．

夏明存．2007．土地利用总体规划管理信息系统的设计与实现．中国测绘学会科技信息网分会编．2007 全国测绘科技信息交流会暨信息网成立 30 周年庆典论文集：271-274．

项家铀，吴洪涛．2001．国家级土地利用规划数据库建设思路与实践．国土资源信息化，（5）：7-11．

小城镇土地使用与管理体制改革课题组．1998．中国小城镇发展与用地管理．北京：中国大地出版社．

肖劲锋，杨巨杰，宫辉力，等．2001．模型库系统平台的研究．遥感学报，5（2）：

135-141.

谢俊奇 . 1999. 可持续土地管理研究回顾与前瞻 . 中国土地科学, 13（1）: 34-37.

谢榕 . 2000. 数据仓库及其在城市规划决策支持系统中的应用探讨 . 武汉测绘科技大学学报, 25（2）: 172-177.

徐彬, 韦玉春 . 2006. 土地利用规划系统现状与问题 . 经济地理,（12）: 117-119.

徐虹, 杨力行, 方志祥 . 2002. 试论数字城市规划的支撑技术体系 . 武汉大学学报（工学版）, 35（2）: 44.

徐洁磐 . 2005. 数据仓库与决策支持系统 . 北京: 科学出版社 .

徐洁磐, 张剡, 封玲 . 2006. 现代数据库系统实用教程 . 北京: 人民邮电出版社 .

徐俊丽, 赵庆祯 . 2002. 农业结构优化决策支持系统的数据指标体系及数据仓库设计 . 农业现代化研究, 23（12）: 121-123.

徐世武, 刘秀珍 . 2006. 基于 GIS 的土地利用规划辅助编制系统 . 地球科学, 31（5）: 719-724.

徐贞元, 孙启宏, 孔益民, 等 . 1997. 中国省级环境决策支持系统的系统分析 . 环境科学研究, 10（5）: 18-25.

许嘉巍, 刘惠清 . 1999. 长春市城市建设用地适宜性评价 . 经济地理, 19（6）: 101-104.

许树辉 . 2001. 城镇土地集约利用研究 . 地域研究与开发, 20（3）: 67-69, 74.

严金明 . 2001. 中国土地利用规划: 理论 . 方法 . 战略 . 北京: 经济管理出版社 .

严金明 . 2002. 简论土地利用结构优化与模型设计 . 中国土地科学, 8: 23.

严丽平 . 2006. 土地利用总体规划实施评价研究 . 杭州: 浙江大学 .

阎守邑, 陈文伟 . 2000. 空间决策支持系统开发平台及其应用实例 . 遥感学报, 4（3）: 239-244.

杨庆朋 . 2007. 土地利用结构与布局优化研究 . 保定: 河北农业大学 .

叶嘉安, 宋小冬, 钮心毅, 等 . 2006. 地理信息与规划支持系统 . 北京: 科学出版社 .

尹君, 刘文菊 . 2001. 多目标土地利用总体规划方法研究 . 农业工程学报, 17（4）: 160-164.

俞孔坚, 李迪华, 韩西丽 . 2005. 论"反规划" . 城市规划,（09）: 64-69.

原立峰 . 2003. 基于 SuperMap 的土地生态经济适宜性评价系统的建设与开发 . 杨凌: 西北农林科技大学 .

岳健, 杨发相, 罗格平, 等 . 2004. 调试法——一种农用土地适宜性评价中确定参评因子权重的方法 . 干旱区地理, 27（3）: 332-337.

臧俊梅, 王万茂 . 2005. 土地资源配置中规划与市场的经济学分析 . 南京农业大学学报（社会科学版）, 5（3）: 35.

查志强 . 2002. 城市土地集约利用潜力评价指标体系的构建 . 浙江统计,（4）: 9-11.

张成刚, 王卫 . 2006. 基于 GIS/RS 的冀北地区农用地适宜性评价 . 安徽农业科学, 34（16）: 3911-3913.

张惠远, 王仰麟 . 2000. 土地资源利用的景观生态优化方法 . 地学前缘, 7（增刊）:

112~120.

张继. 2005. 多目标土地可持续利用动态规划方法研究. 成都：西南交通大学.

张建仁. 2005. 节约集约用地 促进可持续发展. 北京：中国大地出版社.

张金亭，吴秀，刘越岩. 2005. 基于模糊综合评判的土地利用规划实施评价方法. 国土资源科技管理，(5)：82-86.

张君，刘丽. 2006. 基于马尔可夫模型的绿洲土地利用变化预测研究. 统计与信息论坛，21 (4)：73-76.

张俊岭，夏斌，卫宝山. 2006. 基于 WEBGIS 的公众参与规划系统框架设计. 农机化研究，(5)：100-102.

张善文，雷英杰，冯有前. 2007. MATLAB 在时间系列分析中的应用. 西安：西安电子科技大学出版社.

张卫建，卞新民，柯建国，等. 2000. 基于网络 GIS 的区域农业决策支持系统的集成思路与方法. 南京农业大学学报. 23 (2)：23-26.

张学圣. 2002. 多媒体型计划审议支持系统建构之研究. 规划学报，(29)：59-72.

张雅彬. 2005. 土地利用规划异构空间数据整合研究. 南京：南京师范大学.

张颖，刘志军，吴冲龙，等. 2004. 小城市与土地利用规划信息系统. 湘潭师范学院学报（社会科学版），26 (3)：50-53.

张勇，程晋，江玉林，等. 2004. 空间决策支持系统数据集成的实现方法研究. 系统工程理论与实践，(12)：133-137.

张友安，郑伟元. 2004. 土地利用总体规划的刚性与弹性. 中国土地科学，18 (1)：24-27.

赵波. 2004. 人工神经元网络在智能空间决策支持系统中的应用研究. 武汉：武汉大学.

赵锦域，张丽萍. 2004. 县（市）级土地利用规划数据库的分析与设计. 农业网络信息，(10)：26-28，34.

赵小敏，王人潮. 1997. 土地利用总体规划计算机辅助系统（ILPIS）的研究. 中国土地科学，11 (5)：31-34.

赵哲远. 2007. 土地利用规划调控技术研究：以浙江省为例. 杭州：浙江大学.

郑建敏. 1999. 运用 GIS 建立土地调查规划信息系统. 地矿测绘，(4)：23-26.

郑丽波. 2004. 基于 SDSS 的县域生态环境规划研究. 上海：华东师范大学.

郑伟元. 2004. 市场经济国家和地区开展土地利用规划的经验. 中国地产市场，(6)：65.

郑文钟，何勇，张玉林. 2005. 基于 GIS 的农业机械化决策支持系统的研究. 浙江大学学报（农业与生命科学版），31 (3)：329-332.

郑新奇. 2004. 城市土地优化配置与集约利用评价：理论、方法、技术、实证. 北京：科学出版社.

中国国土资源经济研究院，武汉市城市规划设计研究院. 2004. 武汉市土地利用总体规划修编专题研究报告四——武汉市土地利用环境影响评价：武汉：武汉市国土规划局.66-68.

钟永友，刘刚. 2004. 基于 B/S 的土地利用总体规划信息系统研究. 地理空间信息，(3)：30-31＋41.

周海燕. 2003. 空间数据挖掘的研究. 郑州：中国人民解放军信息工程大学.

周义，曹玉香，栾卫东，等. 2006. 土地利用规划信息的社会化与网络化应用. 地球科学与环境学报，28（2）：107-108.

朱凤武，彭补拙. 2006. 中国县域土地利用总体规划的模式研究. 地理科学，23（3）：282-286.

朱光. 2001. 应用 GIS 技术开发土地信息系统的几个问题. 工程勘察，（3）：55-58.

Bellamy J. 1995. Decision Support for sustainable management of grazing Lands. Agricultural Economics, 45 (7): 342-348.

Bonczek R H, Holsapple W C, Whinston B A. 1981. Foundations of Decision Support Systems. New York Academic Press.

Brown LR. 1995. Who will feed China. Wake up Call for A Small Planet. Washington DC: Norton and Company.

Capalbo M. 1993. The next American Metropolis. Princeton, Princeton Architectural Press: 35-61.

Dale R. 1997. Inside Com. Washington: Microsoft Press.

Ding CR. 2003. Land policy reform in China: assessment and prospects, Land Use Policy, 20: 109-120.

FAO. 1993. FAO Development Series 1: Guidelines for Land-Use Planning. Food and Agriculture Organization of the United Nations, Rome.

Gonzalez X P, Alvarez C J, Crecente R. 2004. Evaluation of land distributions with joint regard to plot size and shape, Agricultural Systems, 82: 31-43.

Goodchild M F, Enache M. 1994. Integrating GIS with DSS: a research agenda. URISA Conference, Milwaukee, Wisconsin.

Goodchild M F, Kemp K K. 1990. NCGIA core curriculum in GIS. National Center for Geographic Information and Analysis, University of California, Santa Barbara, CA.

Hand D J, Blunt G, Kelly M G, et al. 2000. Data mining for fun and profit. Statistical Science, 15 (2): 111-131.

Harvey T, Works M A. 2002. Urban sprawl and rural landscapes: perceptions of landscape as amenity in Portland. Oregon, Local Environment, 7 (4): 381-396.

Hechi-Nielsen R. 1989. Theory of the back propagation neural network. Proceeding of the International Joint Conference on Neural Networks, Washington, (1): 593-605.

Huang S, Siegert F. 2006. Land cover classification optimized to detect areas at risk of desertification in North China based on SPOT VEGETATION imagery. Journal of Arid Environments, 67: 308-327.

Imhoff M L, Bounoua L, DeFries R, et al. 2004. The consequences of urban land transformation on net primary productivity in the United States. Remote Sensing of Environment, 89: 434-443.

Inmon W H. 1992a. Building the data bridge: the ten critical success factors of building a data warehouse. Database Programming & Design.

Inmon W H. 1992b. EIS and the data warehouse: a simple approach to building an effectivefounda-tion for EIS. Database Programming & Design, 5 (11): 70-73.

Keen P. 1987. Decision support systems: the next decade. Decision Support Systems, 3 (3): 253-265.

Kimball R. 1996. The Data Warehouse Toolkit: Practical Techniques for Building Dimensional Data Warehouses. New York: John Wiley & Sons.

Lahmer W, Pfiitzner B, Becker A 2001. Assessment of land use and climate change impacts on the mesoscale. Phys Ckem Earth (B), 26 (7-8): 565-575.

Leung Y. 1997. Intelligent Spatial Decision Support System. Berlin, New York: Springer-Verlag.

Li L, Wang J, Wang C. 2005. Typhoon insurance pricing with spatial decision-making support tools. International Journal of Geograghical Science, 19 (3): 363-384.

Li X, Yeh A G. 2004. Analyzing spatial restructuring of land use patterns in a fast growing region using remote sensing and GIS. Landscape and Urban Planning, 69: 335-354.

Lin F T. 2000. GIS-based information flow in a land-use zoning review process. Landscape and Urban Planning, (52): 21-32.

Mark W S, Richard G K, Alun E J. 2001. Agricultural land protection in China: a case study of local governance in Zhejiang Province. Land Use Policy, 18: 329-340.

Martin A, Sherington J. 1997. Participatoy research methods-implementation, effectiveness and in-stitutional context. Agricultural Systems, 5 (2): 195-216

Microsoft. 2005. Microsoft SQL server 2005 Data mining Tutorial . http: //msdn. microsoft. com/en-US/library/ms167167 (v = SQL. 90) . aspx (2008-1-3): 24.

Morton S. 1971. Management decision systems. Computer based support for decision making. Division of Research, Harvard University, Cambridge, Massachusetts.

Novek J, Karen K. 1992. Sustainable or unsustainable development? an analysis of an environmen-tal controversy. Canadian Journal of Sociology, 17 (3): 249-273.

Richard K, Carver S, Evans A, et al. 2000. Web-based public participation geographical informa-tion systems: an aid to local environmental decision-making. Computers, Environment and Urban Systems, 24 : 109-125.

Richard P G, John M H. 1995. Threat to high market value agricultural lands from urban encroach-ment: a national and regional perspecitve. The Social Science Journal, 32 (2): 137-155.

Richard P G, John S. 2001. Rangeland to cropland conversions as replacement land for prime farm-land lost to urban development. The Social Science Journal, 38: 543-555.

Salford. 1989. http: //www. intsci. ac. cn/shizz/course/aai14-KDD. ppt (2007-09-20) .

Sandra Motroni, Helen Vanderberg. 2000. MineSet for Windows? 3. 0 企业版用户指南 . http: // techpubs. sgi. com/library/manuals/4000/007- 4005- 001CHS/pdf/007- 4005- 001CHS. pdf (2008-1-7): 71.

SAS 研究所 . 2007. Data Mining Using Sas Enterprise Miner. Wiley-Interscience: 10-35.

Song Y, Knaapb G J. 2004. Measuring the effects of mixed land uses on housing values. Regional Science and Urban Economics, 34: 663-680.

Sprague R H. 1980. A Framework for the development of decision support systems. MIS Quarterly, 4 (4):1-26.

Sprague R H, Carlson E D. 1982. Building Effective Decision Support Systems. New Jersey: Prentice-Hall, Englewood Cliffs.

Stark A. 1993. Analysis of planning data concerning land consolidation: using a geographic information system. Soils and Fertilizers, 2 (1): 26-32.

Steiner R F, Vanlie H W. 2003. Land conservation and development examples of land use planning: Projects and program. Printed in the Netherlands: 5-151.

Talen Emily. 1996. Do plan get implemented? A review of evaluation in planning. Journal of Planning Literature, 10: 248-259.

Tania del Mar Lopez, Mitchell Aide T, Thomlinson J R, et al. 2001. Urban expansion and the loss of prime agricultural lands in Puerto Rico. AMBIO, 30 (1): 49-54.

Thuraisingham B M. 1999. Data mining: technologies, techniques, tools, and trends. CRC Press: 256-278.

UNEP. 2002. Global Environment Outlook 3. Earthscan Publications Ltd. London.

Verfura S J A . 1998. multi-purpose land information system for rural resources planning. Journal of Soil and Water Conservation, 23 (3): 45-51.

Wang X H, Yu S, Huang G H. 2004. Land allocation based on integrated GIS-optimization modeling at a watershed level. Landscape and Urban Planning, 66: 61-74.

Webler T, Tuler S , Krueger R. 2001. What is a good public participation process. Environmental Management, 27: 435-450.

Yang X J, Liu Z. 2005. Use of satellite-derived landscape imperviousness index to characterize urban spatial growth. Computers, Environment and Urban Systems, 29: 524-540.

Yeh A G, Li X. 1999. Economic development and agricultural land loss in the Pearl river Delta, China. Habitat Intl, 23 (3): 373-390.

Zhang J, et al. 1998. China's Hazards of Meteorology, Flooding, Drought and Ocean (in Chinese). Changsha: Human People Press.

后 记

本书是在我 2008 年完成的博士论文基础上修改而成的。

感谢我的博士生导师吴冲龙教授，论文的开题、构思与写作无不倾注了恩师的心血和汗水！恩师心胸宽广、海人不倦，为人谦和、知识渊博，不断激励和锤炼着一个管理学背景的顽童向信息技术挺进，导师始终给予我一往无前的勇气、信心和动力！

感谢我的硕士生导师韩桐魁教授和陆红生教授，导师宽阔的胸怀、严谨的治学、和蔼的为人和进取的精神，始终帮助我扫去前进道路上重重障碍，给予我完成从学士到硕士再到博士、从行政管理到土地业务再到信息技术学习与工作两个三步跨的能力和信心！

在中国地质大学攻读学位四个春秋，感谢研究生院、资源学院领导和国土信息研究所的老师和同学们的大力帮助和指导！

在论文开题时，感谢武汉大学国家重点实验室的朱庆教授、华中师范大学城市与环境科学学院的周勇教授、中国地质大学李江风教授、刘刚教授、李星教授等指导！

在论文资料收集和提纲形成过程中，感谢浙江省土地勘测规划院副院长赵哲远研究员、常健工程师，以及规划所和信息所的徐忠国、陈铭、章鸣、丁菡、倪永华、蒋明利等工程师、浙江工业大学赵建强讲师、杭州西湖风景区管委会郑九淼工程师提供的无私帮助！

在论文写作时，感谢美国 WHATIF 公司主席 Richard E. Klosterman 和 Akron 大学 Emeritus 教授，他们免费提供给我的 WHATIF 软件启迪了我设计决策支持系统的思路！在运用 MapGIS6.7 等进行土地利用总体规划决策支持系统开发时，感谢中地数码集团公司操瑞青经理和杨刚志经理给予技术上的帮助！同时论文的写作也离不开福建大地评估公司范润强董事长、中共深圳市龙岗区委宣传部刘德平副部长等的大力支持！

本书写作和出版始终得到了华中农业大学以及经济管理学院、土地管理学院的支持，在此衷心感谢学校、学院各届领导和全体老师们的关怀和帮助！

本书出版也得到中国科学院地理科学与资源研究所我的博士后导师刘彦随研究员及龙花楼研究员、陈玉福副研究员等课题组老师的大力指导，在此深表感谢！

本书研究及出版还得到华中农业大学经济管理学院－土地管理学院出版基金、中国博士后科学基金面上项目（20100470530）、中央高校基本科研业务费专项资金（2011RW023）、国土资源部软科学课题（农村宅基地退出与补偿机制研究）、湖北省政府课题（湖北省统筹城乡发展的机制与模式研究）及湖北省国土厅课题（湖北省城乡统一建设用地市场研究）等的资助在此深表感谢！

感谢家人为我读书和工作所付出的艰辛！

胡银根

2011 年 8 月于武汉